Sefer HaYashar

Das Buch der Geradlinigkeit

von Rabbeinu Tam

Übersetzung

Saphir Shalom Toledano

simchatchaim.com

There is no known book without mistakes. Therefore, I ask in every language of application if anyone has any questions, comments, clarifications, corrections, please send to: **book@simchatchaim.com**

All material used in this section may not be used for commercial purposes, but only for study and teaching.

To get this book or books and information Email me at:

book@simchatchaim.com

Copyright©All Rights Reserved to

Saphir Shalom Toledano

www.simchatchaim.com

YB"S©All rights reserved to the Editor

First Edition 2023

Sefer HaYashar - Das Buch der Geradlinigkeit

Der Inhalt des Buches

Sefer HaYashar

Das Buch der Geradlinigkeit

von Rabbeinu Tam

Der Inhalt des Buches

Seite   **Inhalt**

3.   **Kapitel Eins**   Das Geheimnis der Erschaffung der Welt.

30.   **Kapitel Zwei**   Die Säulen des G-ttesdienstes und ihre Motivation.

70.   **Kapitel Drei**   Über den Glauben und die Dinge, die mit den Geheimnissen des gesegneten Schöpfers zu tun haben

87.   **Kapitel Vier**   G-ttesdienst kurz erklärt

102.   **Kapitel Fünf**   Über die Säulen des G-ttesdienstes. Diese sind fünf: Vernunft, Liebe, Furcht, Weisheit und Glaube

141.   **Kapitel Sechs**   Eine Erklärung der Dinge, die bei der Anbetung G-ttes helfen, möge er gepriesen werden, und der verborgenen Dinger

194.   **Kapitel Sieben**   Über die Reue und alles, was damit zusammenhängt, über die Gebetsordnung und die Angelegenheiten der Selbstbeschränkung

221.   **Kapitel Acht**   Dinge, die das Wissen um den Schöpfer, gepriesen sei Er, betreffen.

Sefer HaYashar - Das Buch der Geradlinigkeit

Der Inhalt des Buches

233. Kapitel Neun Über die Zeichen des Willens des Schöpfers und darüber, wie ein Mensch erkennen kann, dass er in den Augen seines G-ttes Gunst gefunden hat und ob G-tt seine Taten angenommen hat

240. Kapitel Zehn Über die Reue.

253. Kapitel Elf Über die Tugenden der Gerechten.

255. Kapitel Zwölf Über die Geheimnisse der kommenden Welt.

262. Kapitel Dreizehn Über den Dienst an G-tt.

293. Kapitel Vierzehn Über die Abrechnung, die der Mensch mit sich selbst machen muss.

304. Kapitel Fünfzehn Erläuterung der Zeit, die für den Dienst G-ttes, gesegnet sei Er, am geeignetsten ist

309. Kapitel Sechzehn In diesem Kapitel werde ich einige der Wonnen der kommenden Welt aufzählen, und im Gegensatz dazu werde ich die Plagen, die Stolpersteine und das Böse dieser Welt aufzählen

314. Kapitel Siebzehn Wenn ein Mann sich an den Tag des Todes erinnert.

319. Kapitel Achtzehn Über den Unterschied zwischen dem Gerechten und dem Bösen.

Sefer HaYashar - Das Buch der Geradlinigkeit

Kapitel Eins

Sefer HaYashar

Das Buch der Geradlinigkeit
von Rabbeinu Tam

Kapitel Eins

Das Geheimnis der Erschaffung der Welt

Es ist offensichtlich, dass alles, was gewünscht wird, von der Natur desjenigen zeugt, der es wünscht, und dass jede Tat von der Natur desjenigen zeugt, der sie ausführt. Daher ist es für jeden intelligenten Menschen angebracht, sich mit den erlesensten Beschäftigungen zu beschäftigen, damit dies ein Zeichen seiner Intelligenz ist. Daraus wissen wir, dass es keinen erleseneren Beruf und keine ehrenvollere Tat gibt als den Dienst an G-tt, möge Er erhaben sein. Denn dies bezeugt den Grad der Intelligenz, den ein Mensch besitzt, und seine Vollkommenheit. Alle Weisen der Welt glauben und verstehen, dass der Verstand

Sefer HaYashar - Das Buch der Geradlinigkeit

Kapitel Eins

nur zwei Begriffe zu erfassen vermag: erstens den Schöpfer und zweitens das, was geschaffen wurde. Außer diesen beiden gibt es nichts anderes. Sie glauben also, dass der Schöpfer der Erste ist und dass das Geschaffene ex nihilo erschaffen wurde, dass der Schöpfer ohne Anfang und Ende ist und dass jedes Lebewesen einen Anfang und ein Ende hat. Sie glauben also, dass der Schöpfer nichts braucht. Denn wer bedürftig ist, dem fehlt das, was er braucht, und indem er sich das, was er braucht, verschafft, wird er vollkommen. Da aber der Schöpfer vollkommen ist, braucht er überhaupt nichts. Da. Er nichts braucht, folgt daraus, dass Er die Welt nicht geschaffen hat, um irgendein Bedürfnis von Ihm zu befriedigen. Da er die Welt nicht geschaffen hat, um irgendein Bedürfnis zu befriedigen, können wir daraus schließen, dass er sie als einen Akt der Liebe geschaffen hat, um die Guten zu belohnen, die eine solche Belohnung verdienen. So wie es heißt (Jesaja 43,7): "Jeden, der bei meinem Namen gerufen ist, [und den ich zu] meiner

Sefer HaYashar - Das Buch der Geradlinigkeit

Kapitel Eins

Ehre geschaffen habe, den habe ich geformt." Ein Beweis dafür ist die Art und Weise, wie die Heilige Schrift die Erschaffung der Welt beschreibt. Im Schöpfungsakt über die Lichter heißt es (1. Mose 1,17): "Und G-tt setzte sie an die Feste des Himmels, dass sie leuchteten auf Erden", und es heißt nicht: "dass sie leuchteten zum Himmel hin" oder "zum Himmel hin", sondern "auf Erden". Wenn das so ist, wissen wir, dass die Leuchter nicht für irgendeinen Zweck des Schöpfers geschaffen wurden und nicht, um den Himmel zu beleuchten, sondern um die Erde und ihre Bewohner zu beleuchten. Wir können auch logisch erkennen, dass, wenn das, was geschaffen wurde, zum Nutzen des Schöpfers war, dann wäre es genauso ewig wie Er, denn Sein Nutzen wäre nicht von Ihm getrennt, sondern würde sich immer bei Ihm befinden. Da wir aber wissen, dass die Welt geschaffen und nicht ewig ist, wissen wir, dass der Schöpfer, bevor es die Welt gab, sie nicht brauchte. So wie er sie nicht brauchte, bevor sie entstand, so brauchte er sie auch nicht, nachdem sie entstanden war; aber alles, was er

Sefer HaYashar - Das Buch der Geradlinigkeit

Kapitel Eins

bei der Erschaffung der Welt beabsichtigte, war zu unserem Nutzen.

Außerdem wissen und verstehen wir, dass der Schöpfer die Welt nicht um der Bösen oder derer willen geschaffen hat, die Ihn erzürnen, denn die Vernunft kann uns nicht zu einer solchen Schlussfolgerung führen, sondern Er hat sie um der Frommen willen geschaffen, die Seine G-ttlichkeit anerkennen und Ihm richtig dienen. Seine Absicht war nur, die Frommen zu erschaffen, aber die Bösen wurden aufgrund der Natur der Schöpfung erschaffen. So wie ein Stück Obst eine Schale hat und das, was in der Schale ist, das ist, was ausgewählt wird, so sind die Frommen die Frucht der Schöpfung der Welt und die Bösen sind die Schale. Wie wir sehen, dass der Sämann die Absicht hat, nur den Weizen wachsen zu lassen, dass aber die Kraft des Sprosses mit dem Weizen böses Unkraut hervorbringt und dass mit der Rose alle Arten von Dornen kommen, so ist es die Absicht des Schöpfers, die Frommen zu schaffen, aber durch die Natur der Schöpfung werden die Bösen mit den Frommen

Sefer HaYashar - Das Buch der Geradlinigkeit

Kapitel Eins

hervorgebracht. Es gibt nichts, was erschaffen wird, das nicht in drei Teile geteilt werden kann: den erlesenen oder reinsten Teil, der wie das feinste Mehl ist; den minderwertigen Teil, der aus Abfällen und wertlosen Teilen besteht, wie Stroh oder Abfall, und es gibt den Teil dazwischen. So findest du unter den Menschen einen Teil, der erlesen und rein ist, und das sind die Frommen; sie sind wie das feine Mehl oder die erlesenste Frucht. Und dann gibt es die weniger Wertvollen und die Verworfenen, und das sind die Bösen, die wie der Abfall oder das Stroh sind. Daher können wir sagen, dass die Welt nicht um der Bösen willen geschaffen wurde, sondern um der Frommen willen. Wie bei einem Baum, den sein Herr nicht um der Schale willen gepflanzt und bearbeitet hat, sondern um der schönsten Früchte willen, die er tragen wird

Furthermore, we see that the heavens are in motion, and every moving thing has a beginning to its motion. Since there was a beginning to its motion, we know that it has a beginning and that it is created, for the

Sefer HaYashar - Das Buch der Geradlinigkeit

Kapitel Eins

beginning of its motion is in fact its genesis. Since we know that it has a beginning, we know that before its creation the Creator had no need of it. Just as He had no need of it vor ihrer Erschaffung hatte, so brauchte er sie auch nach ihrer Erschaffung nicht. Denn dieselbe Kraft, die der Schöpfer vor ihrer Erschaffung hatte, blieb auch nach ihrer Erschaffung bei ihm; es fehlte nichts an ihr, es wurde nichts zu ihr hinzugefügt, und sie veränderte sich auch nicht. Da dies so ist, wissen wir, dass er sie vor ihrer Erschaffung nicht brauchte, und dass er sie auch nach ihrer Erschaffung nicht brauchte. Wenn du aber sagst, dass die Motivation, die den Schöpfer dazu verpflichtete, die Welt zu erschaffen, sein Bedürfnis nach der Welt war, werden wir sagen, dass die Kraft einer Verpflichtung denjenigen beugt, der verpflichtet ist, die Sache zu tun. Was aber den Schöpfer betrifft, so gibt es keine Macht, die ihn zu irgendeiner Handlung zwingen kann, sondern es war seine eigene Macht, die die geschaffenen Dinge aus dem Nichts ins Dasein treten ließ. Wenn du fragst, warum er die

Sefer HaYashar - Das Buch der Geradlinigkeit

Kapitel Eins

erschaffenen Dinge auf diese Weise verpflichtete, so geschah es, um seine G-ttlichkeit bekannt zu machen und um die Herrlichkeit seiner Größe zu zeigen und sich an seinen Taten zu erfreuen. Denn wenn der Schöpfer einen frommen Menschen erschafft, wird er sich an ihm freuen, so wie ein Vater sich freut, wenn er einen klugen und weisen Sohn zeugt, der die Herrlichkeit seines Vaters erkennt und seinen Vater richtig ehrt. [In einem solchen Fall freut sich der Vater und rühmt sich seiner, und so heißt es (Psalm 104,31): "Der Herr freue sich über seine Werke

Nachdem nun klar geworden ist, dass die Welt nicht für irgendein Bedürfnis G-ttes geschaffen wurde, können wir sagen, dass die Welt aus einem großen Grund geschaffen wurde, und dieser Grund ist der Dienst des Schöpfers, gepriesen sei Er. Denn so wie ein König nicht König genannt wird, bevor er nicht ein Volk hat, wie es heißt (Sprüche 14,28): "In der Menge des Volkes liegt die Ehre des Königs", so kann auch der Name

Sefer HaYashar - Das Buch der Geradlinigkeit

Kapitel Eins

"Schöpfer" nicht auf jemanden angewandt werden, bevor es nicht etwas gibt, das er geschaffen hat. Er wird erst dann "G-tt" genannt, wenn er ein Volk hat, wie es heißt (Levitikus 26,12): "Und ich will euer G-tt sein, und ihr sollt mein Volk sein." Obwohl es dem göttlichen Namen durch das Fehlen von Menschen an nichts fehlt und er durch sie auch nichts gewinnt, so war es doch bei der Erschaffung der Welt angebracht, dass der Name des Schöpfers "G-tt" lautet. Zum Beispiel kann der Schläger schlagen, aber er wird nicht "der Schläger" genannt, bevor er nicht etwas geschlagen hat. Auch wenn es kein geschlagenes Objekt gibt, kann es an der Kraft des Schlägers nichts fehlen, aber nur wenn es ein geschlagenes Objekt gibt, ist es angemessen, den Schläger mit diesem Namen zu nennen. So fehlte es dem Schöpfer vor der Erschaffung der Welt an nichts in seiner Macht, aber mit der Erschaffung der Welt nahm seine Vollkommenheit zu. Das ist der Grund, aus dem die Welt erschaffen wurde. Wir wissen und verstehen also, dass die

Sefer HaYashar - Das Buch der Geradlinigkeit

Kapitel Eins

Erschaffung der Welt die Vervollkommnung des Namens G-ttes war.

So wie wir wissen, daß ein Handwerker, wenn er eine Arbeit tut, nur eine Absicht hat, sie nach seinem besten Können auszuführen, und daß die Genauigkeit seiner Arbeit der Größe seines Könnens entspricht, und da wir sehen, daß die Welt mit der größten Genauigkeit geschaffen ist, wissen wir, daß G-tt sie mit der größten Weisheit geschaffen hat. Wie der gute Handwerker nur die eine Absicht hat, schöne und gute Arbeit zu leisten, und wie ein guter und weiser Töpfer*, dessen ganze Absicht darin besteht, sehr schöne Gefäße zu formen; wenn eines von ihnen unschön, krumm oder unvollkommen ist, wird er es verwerfen und nicht zu den schönen Gefäßen hinzufügen, sondern es wegwerfen oder zerbrechen - so hatte auch der Schöpfer, gepriesen sei er, nur die eine Absicht, in seiner Welt die Guten und Frommen zu schaffen. Und wenn es Sünder gibt, verwirft G-tt sie, denn sie vervollkommnen das Werk der Schöpfung nicht. So wie der weise Handwerker, wenn er

Sefer HaYashar - Das Buch der Geradlinigkeit

Kapitel Eins

ein schönes Werk vollbracht hat, alle, die ihn sehen, damit rühmt, so rühmt sich der Schöpfer, gepriesen sei Er, seiner Frommen, wie es heißt (Jesaja 44,23): "Und er rühmt sich in Israel." Und weiter heißt es (ebd., 49,3): "Israel, in dem ich mich rühmen will." Er rühmt sich in seinen Frommen, denn sie bezeugen die Vollkommenheit seines Werkes und liefern einen klaren Beweis für die Gerechtigkeit seiner Taten. Die Gottlosen sind das Gegenteil von dem, wovon wir gesprochen haben. Sie verunreinigen seine Schöpfung mit einem Makel. Sie sind eine Ursache für die Entweihung seines herrlichen Namens. So dass diejenigen, die sie sehen, sagen, dass das Werk des Schöpfers, gepriesen sei Er, nicht gut ist, wie es heißt (Hesekiel 36,20): Und als sie zu den Völkern kamen, wohin sie kamen, entweihten sie meinen heiligen Namen, so dass man von ihnen sagte: Das ist das Volk des Herrn, das aus seinem Lande ausgezogen ist.

Wenn der Diener (G-ttes) fragen sollte: "Wie können wir das Werk G-ttes mit dem Seiner Geschöpfe vergleichen, wie können wir das

Sefer HaYashar - Das Buch der Geradlinigkeit

Kapitel Eins

Werk des menschlichen Handwerkers mit dem Werk des Schöpfers, gepriesen sei Er, als Beweis nehmen, da das Werk des Schöpfers wunderbar und erhaben ist? So wie wir Ihm keinen Wert und kein Bild zuschreiben können, das menschlich ist, so können wir Ihm auch keine Materie und keine Tat vergleichen, die menschlich ist, und wir können Seine Werke nicht mit ihren vergleichen." Wir antworten also auf seine Worte mit den Worten: Siehe, wir haben festgestellt, dass die Frommen mit aller Kraft danach streben und sich abmühen, dem Schöpfer, möge Er gesegnet sein, in Werken der Gerechtigkeit gleich zu sein, wie es heißt (Psalm 11,7): "Denn der Herr ist gerecht; er liebt die Gerechtigkeit. Die Gerechten werden sein Angesicht schauen." Daher wissen wir, dass alle seine Werke Werke der Gerechtigkeit sind und dass sie im Falle des Schöpfers wesentliche Wahrheiten sind, während sie im Falle der Geschöpfe zufällige Eigenschaften sind. Daher ist jede gerechte Tat unter den Werken des Menschen, die wir mit Ihm

Sefer HaYashar - Das Buch der Geradlinigkeit

Kapitel Eins

vergleichen, beim Menschen zufällig, beim Schöpfer aber wesentlich. Alle Werke der Gerechtigkeit, die im Universum zu finden sind, sind das Werk des Schöpfers. Von seinen offenbarten Taten können wir auf seine verborgenen, geheimen schließen. So wie sich der Schöpfer in einem Fall rechtschaffen verhält, so verhält er sich in allen Fällen. In jedem Fall, in dem ein Mensch seine Werke vervollkommnet, ahmt er durch diese guten Taten die gerechten Taten des Schöpfers nach. Denn wenn ein Mensch langsam zum Zorn ist, macht er sich dem Schöpfer gleich. Wenn er gütig ist oder gerecht urteilt, gleicht er sich dem Schöpfer an, soweit er es kann. So verhält es sich auch mit allen anderen guten Eigenschaften, die dem Menschen eigen sind. Je näher ein Mensch dem Schöpfer ist, desto gerechter werden seine Taten sein.

Dabei können wir G-ttes schöpferische Weisheit aus der Art und Weise, wie der menschliche Körper zusammengesetzt wurde, beweisen, und wir sagen, dass, wenn man einen geschickten Künstler finden könnte, der

Sefer HaYashar - Das Buch der Geradlinigkeit

Kapitel Eins

jede Form malen kann, und wir ihn fragen würden, wie es am besten wäre, den Körper eines Menschen zu machen, er genau die Zusammensetzung und die Struktur vorschlagen würde, die wir im Menschen sehen, nicht weniger und nicht mehr. Denn er würde zu uns sagen: Es ist notwendig, dass der Mensch aufrecht steht, damit ein Unterschied zwischen ihm und dem Tier besteht. Und da die Seele, die in ihm ist, erhaben ist und vom Himmel ausgeht und ihn zu ihrer Quelle hinzieht, musst du ihn aufrecht stehen lassen; das Tier aber, da seine Seele aus dem Staub kommt, zieht sie ihn zur Erde hin, und er geht gebückt. Außerdem würde dieser Künstler sagen, dass der Mensch eine Leber braucht, um seine Nahrung zu verdauen und sie in Blut zu verwandeln, um seinen Körper zu ernähren; denn er braucht Adern, die von der Leber ausgehen, die wie Kanäle sind, die zu allen Gliedern des Körpers gehen, damit das Blut durch sie zum ganzen Körper zirkulieren kann, und er würde sagen, dass der Mensch eine Lunge braucht, die mit ihren Lappen über dem

Sefer HaYashar - Das Buch der Geradlinigkeit

Kapitel Eins

Herzen schwebt, damit es nicht durch seine große Wärme überhitzt und so erstickt wird. Er würde sagen, dass der Mensch ein Herz braucht, um eine Quelle des Lebens und des Atems zu sein, damit sein Leben und sein Atem alle Gliedmaßen erreichen können. Er würde sagen, dass der Mensch Augen braucht, die für ihn wie Wächter sein werden, um ihn vor jeder Verletzung zu bewahren. Er braucht Ohren, um Geräusche zu hören, und eine Nase, mit der er riechen kann, und durch die der Dampf der Lunge entweicht, damit durch sie reine und gute Luft eindringen kann. Er braucht einen Mund, um zu essen und zu trinken, zu schmecken und zu sprechen. Er würde sagen, dass der Mensch Zähne in seinem Mund braucht, Zähne, mit denen er die Nahrung zerkleinern kann, einige von ihnen scharf, um die Nahrung zu schneiden, und andere stumpf, um die Nahrung zu zerkleinern und zu zerdrücken und aufzuweichen. Der Mensch braucht eine Zunge, mit der er sprechen kann und mit der er die Nahrung umdrehen kann. Damit sie, wenn sie

Sefer HaYashar - Das Buch der Geradlinigkeit

Kapitel Eins

angefeuchtet ist, gemahlen und zerkleinert wird, bis sie richtig dünn ist. Damit es für den Gaumen leicht ist, sie zu schlucken. Der Kopf müsse aus starken und festen Knochen bestehen und dennoch hohl sein, damit er einen Schutz für das Gehirn darstelle, das die Wohnung der Seele sei. Außerdem müsse der Kopf nicht nur aus Knochen bestehen, sondern auch behaart sein, damit die Kälte nicht eindringen könne. Denn der knöcherne Teil des Kopfes kann eine Verletzung, die an sich körperlich ist, wie der Schlag eines Steines, der auf den Kopf fällt, vom Gehirn wegstoßen. Der Schaden, der durch Kälte oder Wärme oder ähnliche Verletzungen entsteht, kann nur durch das Haar verhindert werden. Deshalb ist es notwendig, es gegen Verletzungen durch Kälte zu wärmen und vor Hitze zu schützen. Er würde weiter sagen, dass es für den Menschen notwendig ist, Augen zu haben, um ihn auf den Wegen zu leiten, und Augenlider, um die Augen vor allen Schäden zu schützen, wie sie durch Verletzungen, Staub oder Wind verursacht werden. Und sicherlich, wenn er

Sefer HaYashar - Das Buch der Geradlinigkeit

Kapitel Eins

schläft, denn wenn er keine Augenlider hätte, könnte er nicht schlafen, und selbst wenn er schlafen könnte, könnten viele Dinge seine Augen verletzen, denn Staub könnte auf sie fallen oder Insekten oder Fliegen könnten in sie eindringen. Er würde sagen, dass die Augen im oberen Teil des Körpers sein müssen, damit sie alles sehen und den Körper bewachen können. So wie ein Wächter auf dem höchsten Punkt der Stadt stehen muss, so müssen auch die Augen im oberen Teil des Körpers sein. Er würde sagen, dass der Mensch Hände braucht, um zu nehmen und zu geben und um mit ihnen alle Arten von Aufgaben und Beschäftigungen zu verrichten. Er würde sagen, dass die Finger der Hand Nägel brauchen, weil sie bei vielen Tätigkeiten und Berufen, mit denen sich die Menschen beschäftigen, gebraucht werden, besonders bei Handwerkern. Wenn es keine Fingernägel gäbe, würde das Fleisch wegen der schweren Arbeit verletzt werden, aber die Fingernägel sind ein Schutz und eine Stütze für das Fleisch, um es zu stärken, damit es nicht leicht zerstört wird. Er würde sagen, dass der

Sefer HaYashar - Das Buch der Geradlinigkeit

Kapitel Eins

Mensch einen kleinen Kopf und einen breiten Körper braucht, denn der Bauch, die Lenden und die Schenkel sind wie die Struktur eines Turms, den wir auf der ganzen Erde sehen, und deshalb ist es notwendig, dass sie breit sind, und der Kopf des Menschen ist wie die Brüstung, die auf dem Turm ist, und deshalb ist er dünn und schmal, und die Beine sind wie Säulen, auf denen die ganze Struktur ruht. Er würde sagen, dass der Mensch einen Mund braucht, um einen Eingang für Essen und Trinken zu haben. Er würde sagen, dass der Bauch einen Magen braucht, der wie ein kleiner Sack sein sollte, um Essen und Trinken aufzunehmen, und dass der Magen zwei Münder haben sollte, einen oben, um die Nahrung aufzunehmen, und einen unten, um die restlichen Reste auszustoßen. In ähnlicher Weise gibt es viele Dinge, die mit der Erschaffung der Gliedmaßen des Körpers zu tun haben, von denen jeder intelligente Mensch zugeben wird, dass sie richtig sind, und dass, wenn es möglich wäre, einen Menschen zu erschaffen, es unmöglich wäre,

Sefer HaYashar - Das Buch der Geradlinigkeit

Kapitel Eins

ihn auf eine andere Weise zu erschaffen als die, die wir angegeben haben.

Außerdem sehen wir, dass die Arbeit an der Stiftshütte und die Reihenfolge ihres Aufbaus rational abläuft. Wenn der Schöpfer, gepriesen sei Er, den Menschen befohlen hätte, eine Stiftshütte für Ihn zu bauen, ohne zu erklären, wie sie sie bauen sollten, hätten sie sie ungefähr so gebaut, wie wir es hier beschrieben haben. Denn wie wir wissen, wenn es notwendig ist, einen Palast für den König zu bauen, muss er würdig gebaut werden. Wir sehen also, dass weise Wesen nach dem Grad ihrer Macht dem Schöpfer in seinen wohlgeplanten Taten vergleichbar sind. Daher können wir in dem Werk der Gerechtigkeit, das wir tun, einen Beweis für das Werk finden, das der Schöpfer tut. So wie wir in einem Teil einer Sache einen Beweis für das Ganze finden und im Rauch einen Beweis für das Feuer, so ist es auch in dieser Sache. Nun ist es möglich, dass es bei der Erschaffung der Welt noch viele andere Geheimnisse und viele andere Dinge gibt, außer denen, die wir

Sefer HaYashar - Das Buch der Geradlinigkeit

Kapitel Eins

besprochen haben. Aber diese Sache, die wir mit unserer Vernunft erfassen können, muß zumindest eines der Geheimnisse der Schöpfung sein. Wir sehen also an der Erschaffung des Körpers, dass die Meinung, die der intelligente Mensch über seine Eigenschaften hat, wahr ist

Da wir sehen, dass die Schöpfung von Seiten Gottes genauso abläuft wie die Arbeit und das Handwerk des Menschen, können wir daraus lernen, dass der Dienst des Schöpfers, gepriesen sei er, genauso abläuft, wie die Menschen den Königen dienen und sie fürchten. Denn wie die Herrschaft des Königs nicht vollkommen ist, wenn seine Diener nicht Männer der Wahrheit und der Gerechtigkeit sind und sich ihm zuwenden, um seinen Willen zu tun und ihn mit aller Kraft zu ehren, so nimmt das Königtum des Schöpfers, gepriesen sei er, Vollkommenheit und Herrlichkeit durch den Dienst der Menschen und in ihrer Furcht vor ihm an. Auch wenn es Seiner Vollkommenheit an nichts mangelt, weil es an irgendeiner Qualität in ihrer Verehrung fehlt,

Sefer HaYashar - Das Buch der Geradlinigkeit

Kapitel Eins

so ist doch der Diener, wenn er den Willen seines Herrn vollständig ausführt, im höchsten Grad der Vollkommenheit in seiner Kraft, in seiner Intelligenz und in allen Angelegenheiten, die ihn angehen. Seine Vollkommenheit wird zu einem Zeichen der Vollkommenheit seines Herrn, obwohl alles, was in seinem G-ttesdienst fehlt, kein Zeichen dafür ist, dass es seinem Herrn an Vollkommenheit mangelt. Dies sollte dir ein klarer Beweis dafür sein, dass die Anbetung des Schöpfers, gepriesen sei Er, und die Furcht vor Ihm sich auf dieselbe Weise verhalten wie der Dienst der Menschen und der Dienst des Dieners an seinem Herrn.

Indeed, it was our intent toWir haben Sein Reich mit dem Reich menschlicher Könige verglichen, um Sein Reich unserem Verstand durch materielle Beispiele verständlicher zu machen, und deshalb sind wir gekommen, um die Geheimnisse Seines Reiches und Seiner Anbetung mit diesen Illustrationen zu verdeutlichen, damit sie sich in das Gedächtnis des Lesers einprägen, wie beim Vergleich des

Sefer HaYashar - Das Buch der Geradlinigkeit

Kapitel Eins

Lichts einer Lampe mit dem Licht der Sonne. Denn wenn wir uns einen Menschen vergegenwärtigen, der vom ersten Tag seines Daseins an in einem Kerker unter der Erde eingesperrt war und nie ein anderes Licht gesehen hat als das Licht einer Lampe allein, so könnte man, wenn er ein intelligenter und verständiger Mensch ist, ohne Zweifel sagen, daß er aus eigener Kraft und eigenem Verstand von den Kräften der Lampe auf die Kräfte der Sonne schließen würde, obwohl die Kraft der einen nicht wie die Kraft der anderen ist und das Wesen der einen nicht wie das Wesen der anderen ist. So lernen wir aus den Beispielen der niederen Mächte die Kraft und die Macht der höheren Ordnungen, und aus den irdischen finden wir Beweise für die g-ttlichen, so dass man sagen kann, dass wir durch klare Beweise aus der Schrift und aus der Vernunft das Geheimnis der Erschaffung der Welt, das Geheimnis der Seele und das Geheimnis von Lohn und Strafe erklären können, um demjenigen, der Einwände erhebt, Argumente dafür zu liefern, dass die Ordnung der Dinge

Sefer HaYashar - Das Buch der Geradlinigkeit

Kapitel Eins

ohne Bruch feststeht

One can properly say thatJeder weise Mensch und jeder vernünftige Mensch kann die Geheimnisse der oberen Welt anhand der Abbildungen dieser niederen Welt verstehen. Denn wir finden, dass die meisten Dinge dieser niederen Welt den Dingen der oberen Welt ähnlich sind, so wie wir wissen, dass die Formen dieser Welt in demselben Prinzip enthalten sind. So wie wir sehen, dass die Formen der Äste, Blumen und Blüten eines Baumes hauptsächlich unter der Erde zu finden sind, und obwohl wir sie nicht sehen und nur mit dem Verstand finden können, wissen wir, dass sie dort sind. Denn auf einem Nussbaum wächst kein Apfel, und auf ihm wachsen auch keine Mandeln, denn das ist nicht in seiner Wurzel zu finden. Nur das, was in seiner Wurzel ist, kann in seinen Zweigen hervorkommen. Von einem nusstragenden Baum können nur Nüsse kommen. Wenn es eine solche Kraft in den Wurzeln des Baumes gäbe, eine Kraft, die Äpfel oder Mandeln hervorbringen würde, würde sie sich in seinen

Sefer HaYashar - Das Buch der Geradlinigkeit

Kapitel Eins

Früchten zeigen. Denn wenn sie aus der Erde aufstiegen, würde man in ihnen die Form von Nüssen sehen. Denn aus den Zweigen kann nichts anderes wachsen als das, was in den Wurzeln zu finden ist. So können wir verstehen, dass alles, was in dieser Welt ist, aus der Kraft der anderen Welt kommt, denn die obere Welt ist wie eine Wurzel. Diese Welt ist wie ein Zweig, und deshalb können wir durch die Geheimnisse der niederen Welt die Geheimnisse der oberen Welt verstehen.

Ich sage, so wie die Menschenkinder auf dieser Erde sich mit höheren Dingen beschäftigen, mit Dingen, die erhabener sind als sie, und danach streben, sich den Engeln anzuschließen und nach ihren Taten zu handeln und ihnen gleich zu sein, so streben auch die Engel nach Dingen, die erhabener sind als sie selbst, und beschäftigen sich damit, die Erkenntnis G-ttes und die Dinge, die die himmlischen Körper und Sphären betreffen, zu erlangen; So finden die Legionen des Himmels und die reinen Seelen und die Sphären und die himmlischen Körper ihren Wunsch und ihren ganzen

Sefer HaYashar - Das Buch der Geradlinigkeit

Kapitel Eins

Wunsch, sich mit einer Macht zu vereinen, die höher ist als sie, und das ist der Schöpfer, gepriesen sei Er. Das ist ihr Dienst, denn ihr ganzes Ziel und ihre ganze Motivation ist es, Seinen Willen zu erfüllen, indem sie sich zu Ihm hingezogen fühlen und sich nach Ihm sehnen. All dies entspringt der Kraft der Intelligenz, die jede Ausströmung sucht und danach strebt, zu ihrer Quelle zurückzukehren Ein Beispiel dafür ist, dass, wenn wir einen Stein vom Boden nehmen und ihn mit der Kraft unserer Hand nach oben werfen, der Stein sich durch die Kraft dieses Wurfes erhebt, und wenn er den Scheitelpunkt seines Aufstiegs durch die Kraft desjenigen, der ihn geworfen hat, verlässt, dann kehrt er von Natur aus an den Ort zurück, von dem er genommen wurde. So ist es mit dem Wasser: Wenn wir es nach oben werfen, erreicht es die maximale Grenze, die der Kraft des Werfers entspricht, und kehrt dann naturgemäß an den Ort zurück, an dem es entnommen wurde. So ist es auch mit der Luft. Wenn man sie in einen aufgeblasenen Sack hineinbläst und die

Sefer HaYashar - Das Buch der Geradlinigkeit

Kapitel Eins

Öffnungen verschließt, wird sie mit Gewalt darin gehalten, solange der Sack geschlossen ist. Aber wenn der Sack geöffnet wird, strömt die Luft schnell heraus und kehrt an den Ort ihres Ursprungs zurück. So ist es auch mit dem Feuer. Wenn die Flamme aufsteigt, sehen wir, dass die Flamme danach strebt, zu den Höhen aufzusteigen, zu ihrer Quelle. Aber wenn die Flamme an das Holz, das verbrannt wird, gebunden ist, kann sie nicht vollständig aufsteigen. Wenn die Flamme in der Lage ist, sich von dem Holz zu lösen, steigt sie zu ihrem Platz auf. So ist die Seele, wenn sie vom Himmel genommen und mit dem Körper verbunden wird, wie die Feuerflamme, die an das Holz gebunden ist und sich nicht davon lösen kann, bis die Kraft des Körpers, der das Leben hält, verbraucht ist. Dann kann die Seele zu ihrer Quelle und zu ihrem Platz weit oben zurückkehren.

Siehe, nun ist erklärt worden, daß die niedere Welt der oberen Welt gleicht, und daß die Arbeit derer, die in dieser niederen Welt wohnen, der Arbeit derer gleicht, die in der

Sefer HaYashar - Das Buch der Geradlinigkeit

Kapitel Eins

oberen Welt wohnen, und daß beide Gruppen danach streben, eine Höhe zu erreichen, die höher ist als ihre eigene, und daß es in dieser Arbeit keinen Unterschied gibt, denn jede dieser beiden Parteien sucht sich mit einer zu vereinigen, die höher ist als sie. In dieser niederen Welt ist das Werk schwach und niedrig, in der höheren Welt ist es stark und erhaben. Aber natürlich rührt die Schwäche der Arbeit derer, die in dieser niederen Welt wohnen, daher, dass der Körper mit der Seele verbunden ist

Nachdem wir auf dem Wege der Vernunft erklärt haben, dass der Schöpfer seine Welt nur geschaffen hat, damit sie ihn anbetet, und nicht aus Notwendigkeit, werden wir (jetzt) diese Sache auf dem Wege der Schrift erklären. Und wir haben die Vernunftargumente den Schriftargumenten vorangestellt, weil der Verstand sie eher annimmt als die Schriftargumente; sie werden eher zu festen Überzeugungen im Verstand dessen, der sie beachtet, weil sie von (wahrscheinlichen) Argumenten und Beweisen begleitet sind. Ich

Sefer HaYashar - Das Buch der Geradlinigkeit

Kapitel Eins

kann daher behaupten, dass wir eine biblische Rechtfertigung für die Erschaffung der Welt haben, nicht aus Notwendigkeit, sondern als ein Akt der Gnade und Güte16. Wie es heißt (Psalm 89,3): "Denn ich habe gesagt, dass die Welt aus Güte geschaffen ist." Wir haben entdeckt, dass alles Gute, das der Schöpfer (gepriesen sei Er) um seiner Geschöpfe willen tut, um seiner selbst willen geschieht und nicht aus Notwendigkeit oder Verpflichtung. Wie es heißt (Jesaja 48,11): "Um meinetwillen will ich es tun." Weiter heißt es (Hosea 14,5): "Ich will ihre Abtrünnigkeit heilen und sie umsonst lieben." Es heißt (Deuteronomium 4,30): "Wisse heute und nimm es dir zu Herzen, dass der Herr G-tt ist." Und schon vorher hat uns die Vernunft gelehrt, dass der Schöpfer, gepriesen sei er, seine Welt nicht aus Notwendigkeit geschaffen hat, sondern nur, damit sie ihn anbetet. Wir haben also das Geheimnis der Schöpfung der Welt auf dem Weg der Schrift und der Vernunft erklärt.

Sefer HaYashar - Das Buch der Geradlinigkeit

Kapitel Zwei

Sefer HaYashar

Das Buch der Geradlinigkeit

von Rabbeinu Tam

Kapitel Zwei

Die Säulen des G-ttesdienstes und ihre Motivation

Nachdem wir uns einige Dinge in Bezug auf die Geheimnisse der Erschaffung der Welt ins Gedächtnis gerufen und bewiesen haben, dass die Welt nur zu einem einzigen Zweck erschaffen wurde, nämlich zum Dienst am Schöpfer, gepriesen sei Er, werden wir nun den Dienst am Schöpfer, gepriesen sei Er, erklären. Wir werden sagen, dass der Dienst G-ttes, gesegnet sei Er, keinen Bestand haben kann, es sei denn, es gibt Wissen über Ihn. Dieser Dienst ruht auf drei Säulen.

Eine Säule ist das gute und reine Herz, denn wenn ein Mensch gut zu seinen Mitmenschen

Sefer HaYashar - Das Buch der Geradlinigkeit

Kapitel Zwei

ist, ist er gut zu Gott, und er wird gut zu den Menschen im Allgemeinen sein, wie die Schrift sagt (1. Samuel 2,26): "Und er nahm zu in der Gunst des Herrn und der Menschen.

Die zweite Säule ist der Glaube, dass alles, was außer G-tt existiert, fehlerhaft ist.

Die dritte Säule ist die Erkenntnis, dass der Schöpfer, gepriesen sei Er, vollkommen ist.

Wenn diese drei Kräfte in einem Menschen versammelt sind, wird seine Seele von Natur aus dazu angezogen, den Schöpfer, gepriesen sei Er, zu lieben. Wenn er ihn liebt, wird sein Dienst vollkommen vollkommen sein. Denn aus dieser Liebe erwächst die Furcht, denn wen der Mensch liebt, den fürchtet er auch. Es ist auch möglich, dass ein Mensch jemanden fürchtet, den er nicht liebt. Deshalb sage ich, dass die Furcht in der Liebe enthalten ist, aber die Liebe ist nicht in der Furcht enthalten. Nun haben wir festgestellt, dass der Dienst unseres Vaters Abraham, Friede sei mit ihm, vollkommen vollkommen war, denn es heißt über ihn (Genesis 18:19): "Denn ich habe damit er seinen Kindern und seinem Haus nach

Sefer HaYashar - Das Buch der Geradlinigkeit

Kapitel Zwei

ihm gebiete, dass sie den Weg des Herrn bewahren." Dies ist ein klarer Beweis für seine große Rechtschaffenheit. Außerdem hat der Schöpfer, gepriesen sei Er, nach seinem Tod Zeugnis über ihn abgelegt, als er sagte (ebd., 26:5): "Weil Abraham auf Meine Stimme hörte und Meine Weisungen, Gebote, Satzungen und Gesetze hielt.

We find that his service was out of love and not out of fear and this is the highest service. The Creator, blessed be He, did not praise him for fearing Him, nor did he say, "The seed of Abraham who fears me or is terrified," but he said (Isaiah 41:8), "The seed of Abraham, My friend." We have already said that Furcht ist in der Liebe enthalten. Wisse, dass der Dienst des Schöpfers, gepriesen sei Er, aus Furcht nicht der Dienst der wahrhaft Frommen ist, sondern der Dienst der Gottlosen oder der Völker der Welt, wie Er zu den Gottlosen gesagt hat (Jeremia 5,22): "Fürchtet ihr euch nicht vor Mir?", und Er sagt über die Ägypter (Exodus 9,20): "Die das Wort des Herrn fürchteten", denn sie taten Seinen Befehl nicht aus Liebe,

Sefer HaYashar - Das Buch der Geradlinigkeit

Kapitel Zwei

sondern aus Furcht. Aber zu den Frommen sagt er (Deuteronomium 6,5): "Und du sollst den Herrn, deinen G-tt, lieben", und (ebd., 11,13): "Den Herrn, deinen G-tt, zu lieben". Aber bei Hiob (Hiob 1,8) heißt es: "Ein redlicher und aufrichtiger Mann, einer, der G-tt fürchtet und das Böse meidet", und er sagt nicht über ihn: "ein Liebhaber G-ttes". Und ebenso heißt es (Psalm 34,10): "Fürchte den Herrn, bei seinen Heiligen", und dies wird von den Gottlosen gesagt. Denn wenn die Gottlosen sich in den Dienst G-ttes stellen und sich heiligen und von ihrer Unreinheit reinigen, werden sie "Heilige" genannt, wie es heißt (Numeri 11,18): "Heiligeeuch selbst gegen morgen." Von den Frommen hingegen, deren Herz vom ersten Tag ihres Daseins an rein ist, heißt es (Psalm 31,24): "Ihr liebt den Herrn, ihr alle, die ihr g-ttesfürchtig seid; der Herr bewahrt die Gläubigen." Und von Henoch heißt es (1. Mose 5,22): "Und Henoch wandelte mit G-tt", und es wird nicht gesagt: "Und Henoch fürchtete G-tt." Und von Noah heißt es (1. Mose 6,9): "Noah war in seinen Geschlechtern

Sefer HaYashar - Das Buch der Geradlinigkeit

Kapitel Zwei

ein gerechter Mann von ganzem Herzen. "17
Der Dienst an G-tt durch Furcht ist also nicht wie der Dienst an G-tt durch Liebe.

Die Liebe kann anhand von zehn Dingen getestet werden, die sich auf denjenigen beziehen, der liebt.

Der eine ist, dass er ein Liebhaber der Tora seines G-ttes ist.

Die zweite besteht darin, das Vergnügen des Dienstes an G-tt mehr zu genießen als jedes andere Vergnügen.

Drittens, diejenigen abzulehnen, die den Schöpfer ablehnen, und diejenigen zu lieben, die ihn lieben.

Viertens, dass seine Liebe zu den besten Dingen, die die Welt zu bieten hat, als nichts im Vergleich zum Dienst für den Schöpfer, gepriesen sei Er, angesehen wird.

Fünftens, dass jede Prüfung, jeder Verlust und jedes Leid für ihn süß ist, wenn es von der Liebe G-ttes, gepriesen sei er, begleitet wird.

Siebtens, um die Menschen von seiner Liebe zu G-tt, gepriesen sei er, wissen zu lassen und um sich damit zu verherrlichen.

Sefer HaYashar - Das Buch der Geradlinigkeit

Kapitel Zwei

Achtens, dass er nicht auf die Stimme derer hören soll, die ihn verführen oder vom Dienst G-ttes, gepriesen sei Er, wegstoßen wollen.

Neuntens, dass er, wenn ihm Gutes oder Schlechtes widerfährt, nicht wegen dieser Dinge den Dienst G-ttes, gepriesen sei Er, verlassen soll.

Zehntens, dass sein Dienst für G-tt nicht um einer Belohnung willen geschieht, denn dann würde sein Dienst von einer Sache abhängen.

Wenn nun diese zehn Eigenschaften in einem Menschen vereint sind, wird er "ein Liebhaber G-ttes" genannt, gepriesen sei Er, und er ist ein vollkommen frommer Mensch. Der Schöpfer, gepriesen sei Er, hat über unseren Vater Abraham, Friede sei mit ihm, nicht gesagt, wie es heißt (Jesaja 41,8): "Der Same Abrahams, mein Freund", bis zu der Zeit, als in Abraham alle diese Eigenschaften erschienen, und ich werde sie euch aus der Schrift erklären.

Die erste Eigenschaft: Wisse, dass die Liebe Abrahams, Friede sei mit ihm, darin bestand, alle, die in die Welt kamen, den Dienst des Schöpfers, gepriesen sei Er, zu lehren und

Sefer HaYashar - Das Buch der Geradlinigkeit

Kapitel Zwei

seinen Namen stets zu verkünden, wie es heißt (Genesis 13,4): "Und Abraham rief dort den Namen des Herrn an." Es heißt auch (ebd., 12:8): "Und er baute dem Herrn, der ihm erschien, einen Altar." Und es heißt (ebd., 21:33): "Und Abraham pflanzte einen Tamariskenbaum in Beerscheba und rief dort den Namen des Herrn an." Diese Verse zeigen, dass Abraham an jedem Ort, an den er kam, den Namen des Herrn anrief und sich mit dem Dienst für ihn beschäftigte. Er ließ sich dabei nicht von der Furcht vor den Völkern der Welt abhalten.

Die zweite Eigenschaft: Der fromme Mensch hat mehr Freude an der Liebe zu seinem G-tt als an allen Vergnügungen der Welt. Denn es ist bekannt, dass ein Mensch keine größere Freude hat als die an seinen Kindern, wie es heißt (Sprüche 23,25): "Dein Vater und deine Mutter sollen sich freuen, und sie, die dich geboren hat, soll sich freuen." Unser Vater Abraham, Friede sei mit ihm, freute sich sehr über diesen Dienst G-ttes, gepriesen sei er. Seine Freude über den Dienst G-ttes, gepriesen

Sefer HaYashar - Das Buch der Geradlinigkeit

Kapitel Zwei

sei Er, war größer als die Liebe seiner Söhne. Er schickte Ismael, seinen Sohn, weit weg von ihm wegen seiner großen Liebe zu G-tt, gepriesen sei Er.

Die dritte Eigenschaft: Der fromme Mensch lehnt alle ab, die den Schöpfer, gesegnet sei Er, ablehnen, und er liebt alle, die den Schöpfer lieben. Denn der Schöpfer, gepriesen sei Er, sagte zu Abraham (1. Mose 12,1): "Geh aus deinem Land und aus deiner Verwandtschaft und aus dem Haus deines Vaters", und er verwarf seine Familie und das Haus seines Vaters, weil G-tt, gepriesen sei Er, sie verworfen hatte. Wie es heißt (ebd., 12,4): "Also ging Abraham hin, wie der Herr zu ihm geredet hatte.

Die vierte Eigenschaft: Die Liebe des frommen Menschen zu allen guten Dingen in der Welt wird von ihm als nichts angesehen, wenn er sie mit seiner Liebe zu G-tt, gepriesen sei Er, vergleicht. Siehe, der Schöpfer, gepriesen sei Er, sagte zu unserem Vater Abraham, Friede sei mit ihm, (ibid., 22:2): "Nimm nun deinen Sohn, deinen einzigen Sohn, den du liebst,

Sefer HaYashar - Das Buch der Geradlinigkeit

Kapitel Zwei

Isaak." Und Er sagte "den du liebst", um den Menschen zu zeigen, dass Abraham den, den er über alles liebte, wegen seiner Liebe zum Schöpfer, gepriesen sei Er, verwarf und verließ.

Die fünfte Eigenschaft: Der fromme Mensch betrachtet jede Arbeit und Mühe als ein Vergnügen und als eine Freude, G-tt zu dienen, gepriesen sei Er. Denn unser Vater Abraham, Friede sei mit ihm, war von Wanderschaft geplagt und wurde durch viele Prüfungen versucht, doch er ertrug sie und nahm alles gnädig an. Denn der Schöpfer, gesegnet sei Er, prüfte ihn von Jugend an durch Reisen und danach, indem Er ihm Sara zweimal wegnahm, und danach durch die Beschneidung, und danach, indem Er ihm befahl, Ismael wegzuschicken, und danach, indem Er ihm befahl, Isaak zu schlachten. Wäre sein Dienst aus Furcht und nicht aus Liebe erfolgt, hätte er all diese Prüfungen nicht ertragen können. Aber wegen seiner Liebe zu G-tt, gepriesen sei Er, war alles süß in seinen Augen. Wie es heißt (Hohelied 8,7): Viele Wasser können die Liebe

Sefer HaYashar - Das Buch der Geradlinigkeit

Kapitel Zwei

nicht auslöschen.

Die sechste Eigenschaft: Der fromme Mensch wird keine persönliche Angelegenheit vor seinen Dienst für G-tt stellen, bevor er nicht zuerst das Gebot seines Schöpfers, gepriesen sei Er, erfüllt hat. Denn wir sehen, dass Abraham in jeder Angelegenheit, die der Schöpfer, gepriesen sei Er, Abraham befohlen hat, keine seiner persönlichen Handlungen ausgeführt hat, bevor er das Gebot G-ttes, gepriesen sei Er, erfüllt hat. So heißt es beim Bund der Beschneidung (1. Mose 17,22): "Und G-tt stieg von Abraham herauf." Und weiter heißt es (ebd., 17,26): "An demselben Tag wurde Abraham beschnitten", und er vollzog keine persönliche Handlung, bevor er das Gebot erfüllt hatte. Bei Ismael heißt es (ebd., 21,12): "In allem, was Sara zu dir sagt, höre auf ihre Stimme, denn in Isaak soll dir ein Same genannt werden." Unmittelbar danach steht geschrieben (ebd., 21:14): "Und Abraham stand früh am Morgen auf und nahm Brot und einen Krug Wasser und gab es Hagar und legte es ihr auf die Schulter und das Kind

Sefer HaYashar - Das Buch der Geradlinigkeit

Kapitel Zwei

und schickte sie fort." Daraus lernen wir, dass es ihm im Traum in der Nacht gesagt wurde, und deshalb stand er früh am Morgen auf, bevor er irgendetwas anderes tat, um den Befehl G-ttes, gepriesen sei Er, zu erfüllen.

Die siebte Eigenschaft: Der fromme Mensch macht jedem Menschen seine Liebe zum Schöpfer, gepriesen sei Er, und zu seinen Wegen bekannt. So haben unsere Lehrer gesegneten Andenkens gesagt, dass unser Vater Abraham, Friede sei mit ihm, von seiner Jugend an die Menschen seiner Generation warnte und jedem Menschen seine Liebe zu G-tt, gepriesen sei Er, bekannt machte. So wie es heißt (ibid., 18:19): "Denn ich habe ihn erkannt, damit er seinen Kindern und seinem Haus nach ihm gebiete, den Weg des Herrn zu bewahren." Mit diesen Worten will er sagen, dass er ihnen zu verstehen geben wird, dass sie G-tt mit einer ebenso großen Liebe lieben sollen wie er selbst. Man beachte, dass es nicht heißt, nur seine Kinder, sondern seine Kinder und sein ganzes Haus. Das heißt, alle, die ihn begleiteten, über die er Autorität hatte.

Sefer HaYashar - Das Buch der Geradlinigkeit

Kapitel Zwei

Die achte Eigenschaft: Der fromme Mann kümmert sich nicht um das Lachen derer, die ihn verspotten, und um die Schande derer, die ihn beschämen wollen. Unsere Weisen haben gesagt, dass unser Vater Abraham, Friede sei mit ihm, von frühester Jugend an begann, sich in den Dienst G-ttes, gepriesen sei Er, zu stellen. Obwohl die Menschen seiner Generation ihn schmähten, schenkte er ihnen keine Beachtung, bis sie ihn schließlich in den Feuerofen warfen[19]. Und der Schöpfer, gepriesen sei Er, rettete ihn, wie es heißt (ibid., 15:7): "Ich bin der Herr, der dich aus Ur der Chaldäer herausgeführt hat.

Die neunte Eigenschaft: Der fromme Mensch macht seinen Dienst nicht zunichte, auch wenn gute oder böse Ereignisse eintreten. So, war unser Vater Abraham, Friede sei mit ihm, bei allem, was ihm widerfuhr, ob Gutes oder Böses, treu in seinem Herzen, wie es heißt (Nehemia 9:8): "Und du fandest sein Herz treu vor dir.

Die zehnte Eigenschaft: Die Liebe des frommen Menschen zu G-tt, gepriesen sei Er,

Sefer HaYashar - Das Buch der Geradlinigkeit

Kapitel Zwei

ist nicht von etwas abhängig oder wird gegeben, um einen Lohn zu erhalten. Und weil Abraham keinen Lohn für seinen Dienst an G-tt suchte, deshalb sagte G-tt, gepriesen sei Er, zu ihm (1. Mose 15,1): "Dein Lohn soll sehr groß sein." Denn so geht G-tt, gepriesen sei Er, mit seinen Frommen um. Wenn sie Ihm dienen, nicht um des Lohnes willen, verdoppelt Er ihren Lohn und gibt ihnen eine doppelte Portion Güte. So wie Er zu König Salomo, Friede sei mit ihm, sagte (1. Könige 3,11): "Weil du dies verlangt hast und nicht um langes Leben gebeten hast und auch nicht um Reichtum für dich gebeten hast." Und danach steht geschrieben (ebd., 3:13): "Und ich habe dir auch das gegeben, worum du nicht gebeten hast, Reichtum und Ehre.

Dies sind also die Grundlagen der Liebe. Und jeder Mensch, der diese zehn Eigenschaften in sich hat, kann seine Liebe als eine vollkommene Liebe bezeichnen. Und über diese Eigenschaften heißt es (Dtn 6,5): "Und du sollst den Herrn, deinen G-tt, lieben von ganzem Herzen, von ganzer Seele und mit all

Sefer HaYashar - Das Buch der Geradlinigkeit

Kapitel Zwei

deiner Kraft." Und wisse, dass je mehr der Mensch G-tt liebt, desto höher ist er, und desto größer ist die Liebe G-ttes zu ihm. Und so fragten sie einen der Weisen und sagten zu ihm: "Ein Mensch dient G-tt mit all seiner Kraft, und wann begehrt G-tt, möge er gepriesen werden, ihn zu sehen?" Er antwortete ihnen: "Wenn ein Mensch die Welt und alle ihre Freuden hinter sich lässt und sein Leben verabscheut und seinen eigenen Tod herbeisehnt. In einem solchen Fall kann G-tt sich danach sehnen, ihn zu sehen. Das heißt, wenn ein Mensch den Schöpfer über alle Maßen liebt, dann wird der Schöpfer ihn auch über alle Maßen lieben.

Und da ich nun die Dinge, die die Liebe betreffen, ins Gedächtnis gerufen habe, werde ich alle Dinge, die die Angst betreffen, erwähnen. Wir werden sagen, dass der Unterschied zwischen dem Dienst an G-tt aus Liebe und dem Dienst aus Furcht sehr groß ist, denn der Dienst an G-tt aus Furcht hört auf, wenn die Furcht aufhört, und auch der Dienst an G-tt aus Liebe, wenn er auf Hoffnung

Sefer HaYashar - Das Buch der Geradlinigkeit

Kapitel Zwei

beruht, hört auf, wenn die Hoffnung auf Belohnung erreicht ist oder wenn diese Hoffnung verloren geht. Wenn aber der Dienst durch die Liebe nicht von der Hoffnung oder von irgendeinem Gewinn abhängt, bleibt er für immer bestehen. Denn der Umstand, der die Liebe aufgrund der Hoffnung hervorruft, ist ein zufälliger, und wenn die zeitliche Ursache verschwindet, dann verschwinden auch alle Dinge, die von ihr abgeleitet sind oder aus ihrer Kraft stammen. Aber die Ursache, die den Dienst durch Liebe motiviert, die nicht auf Hoffnung beruht, ist eine grundlegende und dauerhafte Ursache und wird nicht für immer verschwinden. Daher werden die Dinge, die aus der Kraft der beständigen Liebe kommen, niemals vergehen.

Wisse, dass es im Dienst dessen, der G-tt liebt, diese zehn Eigenschaften gibt, die wir erwähnt haben. Aber im Dienst G-ttes durch die Furcht werdet ihr keine dieser Eigenschaften finden, es sei denn, seine Furcht kommt aus seiner Liebe und aus ihrer Kraft. Wenn aber seine Furcht mit der Liebe verbunden ist und beide

Sefer HaYashar - Das Buch der Geradlinigkeit

Kapitel Zwei

gleichwertig sind, wird in seinem Dienst eine kleine Menge der Eigenschaften vorhanden sein, die wir genannt haben, denn die Liebe wird den Menschen zur Furcht vor G-tt führen. Wenn aber diese beiden nicht gleichwertig sind und die Furcht überwiegt und die Liebe abnimmt, dann wird man in ihm nicht einmal eine der Eigenschaften finden, die wir genannt haben. Wenn die Furcht sehr stark und die Liebe sehr schwach wird, so dass sie in ihm nicht zu erkennen ist, dann wird in einem solchen Menschen das Gegenteil von all den Eigenschaften zu finden sein, die wir genannt haben. Dies sind die gerechte Waage und die gerechten Gewichte, mit denen die Menschen geprüft werden können. Deshalb sagen sie von den meisten Frommen, in denen die Furcht vor dem Schöpfer, gepriesen sei Er, zu finden ist, manchmal wird dies von der Furcht gesagt, die mit der Liebe verbunden ist, und manchmal wird es von der Macht der Furcht gesagt, die aus der Kraft der Liebe kommt, und diese Furcht hat Bestand, weil sie aus der Kraft der Liebe kommt. Wenn das so ist, dann ist der

Sefer HaYashar - Das Buch der Geradlinigkeit

Kapitel Zwei

Dienst, der aus der Kraft der Liebe kommt, ein wahrer Dienst, und der, der aus der Angst kommt, ist ein unvollkommener Dienst, es sei denn, es ist die Angst, die aus der Liebe kommt.

Nachdem wir nun über die Liebe und die Furcht gesprochen haben und darüber, wie sie zu den Säulen des wahren Dienstes an G-tt gehören, möchte ich die Weisheit als dritte Säule des wahren Dienstes an G-tt erwähnen. Wir werden sagen, dass die Säulen der Liebe, der Furcht und der Weisheit drei Kräfte sind, die miteinander verbunden sind und sich gegenseitig begleiten, und dass aus diesen dreien der vollständige Dienst an G-tt entsteht, und nicht nur aus einer von ihnen, und nicht aus zwei von ihnen. Du wirst in keiner von ihnen zwei finden, die sich selbst genügen und die keinen Gefährten brauchen, außer der Liebe allein. Denn wenn der Dienst des Menschen an seinem Schöpfer aus der Liebe kommt, ist es unmöglich, dass nicht auch die Furcht dazugehört. Auch wenn derjenige, der G-tt liebt, nicht die Absicht hat, den Schöpfer,

Sefer HaYashar - Das Buch der Geradlinigkeit

Kapitel Zwei

gepriesen sei Er, zu fürchten, so ist es doch unmöglich, dass es Liebe ohne Furcht gibt. Aber ihr solltet wissen, dass die Weisheit eine große Stütze im Dienst G-ttes ist. Wenn sich Weisheit mit Liebe verbindet, wird jedes wünschenswerte Ziel vervollkommnet und jede würdige Charaktereigenschaft erlangt. Ohne Weisheit ist die Liebe nicht vollständig, denn der Narr, der keine Weisheit besitzt, liebt zwar seinen Schöpfer, aber er weiß nicht, wie er seinen Willen tun soll, und er kennt die Wege G-ttes nicht, und er wird verbieten, was erlaubt ist, und erlauben, was verboten ist. Und weil er es nicht weiß, wird er Unrecht tun. Seine Liebe wird sein wie ein Zweig ohne Wurzeln, wie ein Gebäude, das kein Fundament hat. Wenn er aber Liebe hat und Weisheit erlangt, dann wird er die richtigen Stellen für den Dienst kennen und die Stelle, an der es angebracht ist, etwas hinzuzufügen oder zu vermindern, und er wird das Geheimnis des Dienstes G-ttes, seine Methode und seine Wege kennen. Das ist wie bei jeder Aufgabe, die ein Mensch zu tun gewohnt ist

Sefer HaYashar - Das Buch der Geradlinigkeit

Kapitel Zwei

und die er gut kennt. Wenn er ein Narr ist, wird er es nicht richtig tun. Denn es werden Zeiten kommen, in denen in der Sache und in der Aufgabe, mit der er sich beschäftigt, Dinge auftauchen werden, die völlig neu sind und die er nicht studiert hat und die zur Zeit seiner Studien nicht bekannt waren. Wenn er weise ist, wird ihm das nicht schaden, denn er hat die Grundsätze gelernt. Und wenn er die Kraft des Prinzips kennt, kann er den Rest der Zweige ableiten und die Dinge verstehen, die neu sind. Aber wenn er ein Narr ist, wird er nicht wissen, wie er die Dinge seiner Aufgabe ordnen soll, wenn ein neues Ereignis auf ihn zukommt. Daher wissen wir in Wahrheit, dass in diesen drei Ereignissen (d.h. Liebe, Furcht und Weisheit) der Dienst G-ttes vollständig und wahrhaftig sein kann, und es ist unmöglich, dass, wenn Liebe und Weisheit miteinander verbunden sind, nicht auch die Furcht dabei ist. Nachdem nun erklärt wurde, dass es drei Säulen der Liebe gibt, und wir jede von ihnen kurz erläutert haben, können wir nun sagen, dass die Grundlage des Buches und seine

Sefer HaYashar - Das Buch der Geradlinigkeit

Kapitel Zwei

Absicht ein Dienst ist, in dem der Mensch die Ebene der Erfüllung des Willens G-ttes erreichen kann, bis er sein Herz von seiner Schlechtigkeit läutert und es von seiner Unreinheit reinigt. Dann wird sein Herz an den Dienst G-ttes gebunden sein. Es ist wie ein Kleidungsstück, das man färben möchte. Wenn es schmutzig ist, dann wird die Farbe nicht fest, bis man es gut gewaschen und alle Flecken entfernt hat; dann wird die Farbe fest sein. Der Prophet Jesaja, Friede sei mit ihm, sagte dazu (Jesaja 55,7): "Der Gottlose verlasse seinen Weg und der Frevler seine Gedanken, und er kehre um zum Herrn, so wird er sich seiner erbarmen, und er kehre um zu unserem G-tt, denn er wird reichlich verzeihen." Und der Prophet Samuel sagte (1. Samuel 7,3): "Wenn ihr euch von ganzem Herzen zum Herrn bekehrt, dann tut die fremden Götter aus eurer Mitte weg.

Nachdem nun klar geworden ist, dass es unsere Absicht ist, den Dienst des Schöpfers, gepriesen sei Er, zu fördern, denn dafür wurde die Welt erschaffen, sagen wir, dass der Dienst

Sefer HaYashar - Das Buch der Geradlinigkeit

Kapitel Zwei

G-ttes eine Verpflichtung für uns ist, die wir sowohl aus der Schrift als auch aus der Vernunft erfüllen müssen. Aus der Schrift erfahren wir, dass der Schöpfer, gepriesen sei Er, die Welt aus keinem anderen Grund als für die Tora geschaffen hat, wie es heißt (Jeremia 33,25): "Wenn Mein Bund nicht mit Tag und Nacht wäre, wenn Ich nicht die Ordnungen des Himmels und der Erde eingesetzt hätte." Und weiter heißt es (Sprüche 3,19): "Der Herr hat die Erde durch Weisheit gegründet und den Himmel durch Verstand errichtet." Und weiter heißt es (Sprüche 8,22): "Der Herr hat mich zum Anfang seines Weges gemacht, zum ersten seiner Werke von alters her." Wir können sagen, dass der Dienst an G-tt eine Verpflichtung für uns ist, denn der Schöpfer gab Israel am Berg Sinai die Tora nur als Mittel, um ihm zu dienen, wie es heißt (Exodus 20,17): "G-tt ist gekommen, um euch zu prüfen, und dass seine Furcht vor euch sei, damit ihr nicht sündigt." Und es steht geschrieben (ebd., 3,12): "Wenn du das Volk aus Ägypten herausgeführt hast, sollt ihr G-tt

Sefer HaYashar - Das Buch der Geradlinigkeit

Kapitel Zwei

auf diesem Berg dienen." Und es heißt (Deuteronomium 6,13): "Du sollst den Herrn, deinen G-tt, fürchten, und ihm sollst du dienen." Die Schrift hat "Furcht" vor "Dienst" gesetzt, um zu lehren, dass man G-tt nicht dienen kann, wenn es keine Furcht gibt. So heißt es (ebd., 10:12): "Und nun, Israel, was verlangt der Herr, dein G-tt, von dir, als dass du den Herrn, deinen G-tt, fürchtest... ." Da wir nun wissen, dass die Welt nur um der Tora willen geschaffen wurde, wissen wir auch, dass die Welt zu keinem anderen Zweck geschaffen wurde als zum Dienst an G-tt. Solange der Dienst an G-tt und die Rechtschaffenheit bestehen, wird die Welt auf ihnen stehen. Wie es heißt (Sprüche 10,25): "Der Gerechte aber ist ein ewiges Fundament." Nachdem wir erklärt haben, dass der Dienst für G-tt das ist, wozu wir nach der Schrift verpflichtet sind, wollen wir nun erklären, wie er sich aus der Vernunft ableitet. Wir werden sagen, dass ein sterblicher König bekanntlich sein Reich nur durch den treuen Dienst seiner Diener festigen kann. Wenn seine Diener ihm

Sefer HaYashar - Das Buch der Geradlinigkeit

Kapitel Zwei

nicht dienen oder ihn nicht fürchten, dann hat er keine Macht über sie, und es gibt keine Möglichkeit, seine Autorität über sie zu erkennen. Wir sehen, dass ein solcher König seine Diener nach ihren Diensten und ihrer Furcht vor ihm belohnt. Wenn schon ein König aus Fleisch und Blut seine Herrschaft und Autorität über seine Diener zeigen muss, die Geschöpfe wie er sind und vielleicht sogar besser sind als er, wie viel mehr ist es dann angebracht, dass die Herrschaft des Schöpfers, gepriesen sei er, an unserer Furcht vor ihm sichtbar wird. Wie kann man erkennen, dass er unser Schöpfer ist und wir seine Diener, und dass er ewig währt, während wir vergänglich sind? Wie können wir all dies erkennen, wenn wir nicht seinen Willen tun und ihn fürchten? Auf diese Weise werden wir wissen, was wir sind und was unser Leben ist.

Da wir wissen, dass der Dienst an G-tt, gepriesen sei Er, eine Verpflichtung ist, die uns durch die Schrift und die Vernunft auferlegt wird, sagen wir, dass der Dienst in zwei Teile unterteilt ist.

Sefer HaYashar - Das Buch der Geradlinigkeit

Kapitel Zwei

Der erste Teil ist der höchste und vollständige Dienst, der von äußerster Vollkommenheit ist, wie der Dienst der berühmten frommen Männer, Abraham, Isaak, Jakob, Moses, Aaron, David und Salomo und derer, die mit ihnen verbunden waren,

Friede sei mit ihnen.

Der zweite Teil ist der Dienst, dem etwas fehlt, wenn man ihn mit dem Dienst vergleicht, den wir gerade erwähnt haben. Es ist ein Dienst, der dem Dienst der frommen Menschen dieser Generationen gleicht, die ihre Herzen nicht so reinigen konnten wie die Patriarchen, und die daher nicht die höchste Stufe erreichen konnten.

Ich erwähne das hohe Niveau der Eigenschaften der frommen Männer, die zur ersten Gruppe gehörten, und die Eigenschaften der Männer von geringerem Rang, damit jeder Mensch sieht, was er tun muss, um eine höhere Höhe zu erreichen. Wisset, daß die Frommen der höchsten Höhe die berühmten Helden sind, die G-tt fürchteten und ohne Sünde und Schuld waren, die den Willen G-ttes taten und seine

Sefer HaYashar - Das Buch der Geradlinigkeit

Kapitel Zwei

Wege hüteten und sich stärkten, in seinen Wegen zu wandeln. Vom Tag ihrer Geburt an begingen sie weder aus Irrtum noch aus Absicht eine unrechtmäßige Handlung. Sie haben weder gesündigt noch rebelliert. Als sie heranwuchsen, trennten sie sich von jedem bösen Weg. Als sie älter wurden, richteten sie die ganze Welt als einen angemessenen Ort für ihre ewige Wohnstätte ein. Wenn sie saßen und wenn sie gingen, wenn sie sich hinlegten und wenn sie aufstanden, Tag und Nacht, meditierten sie mit dem Herrn über die Thora und verrichteten seinen Dienst mit großer Liebe. Ihr Trieb wurde durch das Joch ihrer Vernunft gezügelt, ohne dass das Erlaubte verboten oder das Verbotene erlaubt war. Sie taten nichts Böses, noch lernten sie die Wege der Anmaßung und der Schlechtigkeit. Sie waren bescheiden vor G-tt und den Menschen und zügelten ihre Begierde mit ganzer Seele und ganzer Kraft; sie waren wenig wert in ihren eigenen Augen, aber geehrt in den Augen des Herrn. Eine Säule des feurigen Gesetzes schwebt immer über ihnen, und seine Weisheit

Sefer HaYashar - Das Buch der Geradlinigkeit

Kapitel Zwei

erleuchtet ihr Angesicht, und die Bundeslade des Herrn geht vor ihnen her. Ihr Herz ist im Haus des Jammers, denn sie wissen, dass alles eitel ist. Sie fangen nicht an, G-tt zu dienen, um dann ihr Ziel zu ändern, und sie tauschen nicht das Gute gegen das Böse ein. Sie sitzen nicht in der engen Gesellschaft von Spöttern, und ihre Freude gilt nur den Satzungen und gerechten Urteilen. Sie kümmern sich um die Nöte der Armen und um die Erlösung der Gefangenen. Ihre Gesellschaft ist weise und verständig, ihr Wort ist wahr und ihre Liebe treu. In ihrem Mund findet sich kein Betrug, und ihre Lippen werden nicht müde, G-tt zu loben. Sie fliehen vor Herrschaft und Herrschsucht, und sie leisten allen Armen und Bedrängten Beistand. Sie sind mit ihrem Los zufrieden und suchen nichts als die ihnen zugewiesene Nahrung, um ihre Bedürfnisse zu stillen. Sie essen, um zu leben, und sie leben nicht, um zu essen oder zu trinken. Alle Arten von leckeren Speisen sind nicht süß für sie, noch sehnen sie sich danach, scharlachrote Kleider zu tragen. Sie wählen als Kleidung

Sefer HaYashar - Das Buch der Geradlinigkeit

Kapitel Zwei

das, was ihre Blöße angemessen bedeckt. Und von der Nahrung wählen sie das, was sie ernährt, und sprechen von dem, was notwendig ist, und von Taten, die ihnen gut tun und sie vor Schaden bewahren. Sie entfernen den Zorn aus ihren Herzen und vertreiben den Haß aus ihrem Inneren. Sie achten nicht auf diejenigen, die sie schmähen, noch hegen sie einen Groll oder suchen Rache. Zu denen, die sie verfluchen, ist ihre Seele still. In ihren Herzen gibt es keine Traurigkeit oder Kummer, kein Gefühl des Unglücks oder der tiefen Trauer. Es gibt nichts in dieser Welt, was sie sich sehr wünschen, und so sorgen sie sich nicht, dass es ihnen fehlt, denn sie haben Vertrauen in ihren Schöpfer. Es fehlt ihnen an Nahrung, aber sie sind reich an den Schätzen des Herzens. Wenn Not kommt, sind sie nicht erschrocken, und der Schrecken des Aufruhrs verwirrt sie nicht. Wenn die volle Wucht der Bedrängnis oder ein Tag des Zorns und der Wut über sie hereinbricht, ärgern sie sich nicht über das Urteil ihres G-ttes, sondern akzeptieren seine Entscheidung als gerecht in allen Dingen, die

Sefer HaYashar - Das Buch der Geradlinigkeit

Kapitel Zwei

über sie kommen. Ihr Herz ist auf den barmherzigen G-tt, auf den treuen Schöpfer gerichtet. Sie wissen nicht, wie man böse Taten plant, und sie suchen keine Größe für sich selbst. Ihre Aufgabe ist das Werk G-ttes, und ihre Satzungen sind die Tora G-ttes. Sie studieren sie und lehren sie die Sünder, aber sie warnen und ermahnen zuerst sich selbst und erst danach die Bösen. Sie fasten bei Tag und stehen bei Nacht auf. Zu Beginn der Nachtwachen stehen sie im Gebet, um in der Nacht Lieder zu singen. Sie beugen sich flehend und flüsternd zur Erde und lecken die Erde wie eine niedrige Schlange, drücken ihre Sehnsucht mit einem Schrei aus und lassen ihre Tränen wie einen Strom fallen. Sie erkennen ihre Sünden und bekennen ihre Missetaten, tun Gutes, lehnen jeden Gewinn aus Unterdrückung ab, ehren G-tt mit ihrem Reichtum und geben den Zehnten von allem, was sie besitzen, und essen nicht nur ihren Bissen Brot, sondern öffnen ihre Hand für die Armen und Bedürftigen. Sie begleiten die Toten zu ihrem Grab, um dort zu sehen, was

Sefer HaYashar - Das Buch der Geradlinigkeit

Kapitel Zwei

das Ende des sterblichen Menschen ist. Ihre Rätsel bestehen aus Worten G-ttes, und ihre Freude ist es, die Höhe derer zu erreichen, die eine hohe Seele haben. Sie dienen.

G-tt mit ganzem Herzen und eifriger Seele, und ihre Seelen sind von Heuchelei rein gewaschen. Sie verhalten sich nur in Demut, die den Hochmut auf Abstand hält. Ihr Herz ist rein und sauber und ihre Gedanken sind rein und sauber. Wenn sie reich werden, treten sie nicht hochmütig gegen G-tt und Menschen auf, und sie entfernen G-tt nie von ihren Augen. Ihr Gebet erhebt sich am Abend, am Morgen und am Nachmittag zu ihrem G-tt; vielleicht wird er ihnen helfen, ihre Taten rechtschaffen zu machen, und sie zu Lebzeiten vor Sünde bewahren und sie von dieser Welt in Frieden zu der Wohnstätte des Friedens bringen. Sie beten, dass sie nach dem Verlassen dieser Welt zur Ruhe kommen und nach ihrem Anteil auferweckt werden. Dies ist das Erbe der Diener G-ttes, und dies ist der vollkommene Dienst, den G-tt erwählt hat.

Sefer HaYashar - Das Buch der Geradlinigkeit

Kapitel Zwei

Was aber den mangelhaften und unvollständigen Dienst betrifft, so sind alle seine Anhänger schwach und werden durch diesen Dienst schwach, indem sie zwischen zwei Meinungen zögern und zaudern. Sie halten an der Reue fest, aber sie geben den Gegenstand ihrer Sünde nicht auf. Ihr Dienst, auch wenn er wie gold war, ist nicht frei von der Schlacke der Irrtümer und dem Schmutz ihrer unrechtmäßigen Handlungen. Ihr Herz ist von Jugend an an die Eitelkeiten dieser Welt gebunden, und deshalb können sie sich nicht einmal zur Zeit ihres Dienstes von ihnen trennen. Ihr Verlangen ist zu stark für sie, und es ist wie ein Vorhang zwischen ihnen und ihrem Schöpfer. Ihre Rechtschaffenheit ist schwach und ihr Dienst kränklich. Wenn sie einmal stark ist, ist sie zweimal schwach. Sie wollen auf die Höhe derer aufsteigen, die eine hohe Seele haben, aber sie können es nicht. Sie streben danach, sich zu erheben, aber sie werden erniedrigt. Denn die Versuchung dieser Welt, die G-tt in ihr Herz gelegt hat, hält sie zurück, und deshalb hat er sie mit denen,

Sefer HaYashar - Das Buch der Geradlinigkeit

Kapitel Zwei

die unten wohnen, gefangen gehalten. Sie scheinen in ihrem Dienst wunderbare Dinge zu tun, aber nur, um den Menschen ihre Gerechtigkeit zu zeigen, nur, damit ihr Name in ihrem Geschlecht berühmt wird. Sie bemühen sich, die geoffenbarten Dinge zu verstehen, sind aber zu faul, die verborgenen Dinge zu studieren. Sie haben sich entschieden, das zu tun, was im Dienst G-ttes leicht ist; sie sind zu müde, das Joch der schwereren Pflichten zu tragen. Sie rühmen sich selbst, dass sie gerechter sind als andere, und die Gerechtigkeit der anderen ist in ihren Augen gering. Sie sind darauf bedacht, jedes Gebot zu befolgen, das nicht mit Mühsal und Geldverlust verbunden ist. Aber sie verbergen ihre Augen vor den schwierigen Geboten, die Mühsal und Geldverlust mit sich bringen. Und die Gerechten, die ihr Herz nicht dazu gebracht haben, G-tt treu zu sein, sind den Stolpersteinen des Irrtums nicht entkommen und haben die Kraft der oberen Stufen und Sprossen nicht erreicht; denn ihr Verstand ist zu beschränkt und eng, um die Geheimnisse

Sefer HaYashar - Das Buch der Geradlinigkeit

Kapitel Zwei

des richtigen Dienstes zu erfassen und die wünschenswerten Eigenschaften zu verstehen. Je nachdem, was ihr Herz enthält, ist ihr Dienst. Deshalb brauchen sie ein Buch, das Worte der Wahrheit und Schönheit enthält. Wie zum Beispiel das "Buch der Pflichten des Herzens" oder jedes Buch, das den Dienst G-ttes, gepriesen sei Er, enthält. Ein solches Buch wird ihre Seele wiederherstellen und ein rechtschaffener Führer sein. Es wird sie erinnern, wenn sie vergessen, und sie warnen, wenn sie sich irren. Es wird sie lehren, was ihnen fehlt, und sie in dem unterweisen, was sie nicht Wissen.

Wir haben also gesagt, dass der Dienst für G-tt, gepriesen sei Er, auf zwei Säulen ruht, und das sind Furcht und Liebe. Diese beiden Säulen haben ein Fundament, nämlich die Vernunft. Die Vernunft ist die Frucht der vernünftigen Seele. Denn wenn ein Mensch geboren wird und in die Welt hinausgeht, ist die Seele, die in seinem Körper ist, wie ein Samenkorn, das unter die Erde gesät wird und dessen Kraft nicht bekannt ist, aber sein Herr

Sefer HaYashar - Das Buch der Geradlinigkeit

Kapitel Zwei

bewässert es jeden Tag und bewahrt es durch Hitze und Frost, bis es zu sprießen beginnt und Zweige und Triebe aussendet, und danach bringt es Blumen hervor, bringt Blüten hervor, und schließlich reift seine Frucht. So ist es auch mit der Seele. Zu Beginn ihrer Existenz im Körper ist ihre Kraft nicht bekannt, und ihre Taten sind nicht sichtbar. Sie ist wie der Same, der unter der Erde verborgen ist. Sie wächst, und ihre Kräfte werden allmählich erkennbar und werden jeden Tag ein wenig größer, bis der Mensch die Zeit der Jugend erreicht, dann ist die Seele wie ein Baum, der Blumen hervorbringt und Blüten treibt. Mit jedem Tag, der ihrem Leben hinzugefügt wird, vervollkommnet sich die Vernunft des Menschen, und dann ist die Seele wie eine Blume oder eine Blüte, deren Frucht gereift ist. Die Frucht der Seele ist also die Vernunft. Aber nicht jeder Baum bringt gute Früchte hervor, und nicht jede Seele hat eine gute Vernunft. Aber je nach der Güte des Bodens, der Güte der Wurzel und der Güte der Pflege, die man ihr angedeihen lässt, wird die Güte der

Sefer HaYashar - Das Buch der Geradlinigkeit
Kapitel Zwei

Frucht sein. In ähnlicher Weise wird die Güte der Vernunft nach der Güte der Grundlagen des Körpers sein, der der Boden ist, und nach der Güte der Seele, die die Wurzel ist, und nach der Güte der moralischen Unterweisung, die die Wache über sie ist. Deshalb haben wir gesagt, dass die Vernunft die Grundlage der Furcht und der Liebe ist. Diese beiden, Furcht und Liebe, sind die Säulen des richtigen Dienstes. Je nach der Güte der Vernunft wird die Güte der Liebe und der Furcht und ihre Vollkommenheit sein, und mit dieser guten Vernunft wird der Dienst G-ttes wahrhaftig sein.

Ich werde euch nun die Eigenschaften der Vernunft und die moralischen Werte erklären und wie man die Vernunft des Menschen erkennen kann. Wir werden sagen, dass ein Mensch, der sich an die Linie der Rechtschaffenheit hält und nicht gegen die goldene Mitte verstößt und seine Taten nicht vom Erreichen der goldenen Mitte ablenkt, einen feinen Verstand besitzt. Eine Veranschaulichung dessen ist das Thema

Sefer HaYashar - Das Buch der Geradlinigkeit

Kapitel Zwei

Sprache. Wenn ein Mensch mehr redet, als es sich gehört, nennt man ihn einen Einfaltspinsel und er ist ein Sünder, wie es heißt (Sprüche 10,19): "In der Menge der Worte fehlt es nicht an Übertretung." Und wenn er weniger Worte spricht, als es sich gehört, wird er ein Narr genannt, wie es heißt (ebd., 24,7): "Weisheit ist für einen Narren so unerreichbar wie Korallen. Er öffnet seinen Mund nicht im Tor." Aber wenn die Worte seines Mundes so sind, wie sie sein sollten, und wenn alle seine Worte in angemessenem Maß ausgesprochen werden, wird er ein erleuchteter Mensch genannt, wie es heißt (ebd., 16:20): "Wer auf das Wort achtet, wird Gutes finden." Und es heißt (ebd., 15,23): "Ein Mann hat Freude an der Antwort seines Mundes; und ein Wort zur rechten Zeit, wie gut ist es." Diesbezüglich sagte König Salomo, Friede sei mit ihm, (Prediger 7,16-17): "Sei nicht übermäßig gerecht und überlege nicht zu viel; warum solltest du dich selbst zerstören? Sei nicht übermäßig böse, und sei nicht töricht; warum solltest du vor deiner Zeit sterben?" Diese beiden Gedanken

Sefer HaYashar - Das Buch der Geradlinigkeit

Kapitel Zwei

wollte er zum Ausdruck bringen, um uns den geraden Weg in jeder Tat und in jeder Äußerung erkennen zu lassen. So muss es sein im Dienst des Schöpfers, gepriesen sei Er. Daraus kann man verstehen, dass die Taten und Worte, die in jeder Tat und jeder Äußerung auf dem geraden Weg sind, in den Augen G-ttes gut sind, und man nennt sie den richtigen Dienst G-ttes. Diese Eigenschaft kann ohne Wissen und Weisheit nicht vollständig sein. Wie der Prophet Jeremia sagte (Jeremia 3,15): "Und ich will euch Hirten geben nach meinem Herzen, die euch weiden sollen mit Wissen und Verstand." Im Verhältnis zum Wissen und zur Weisheit, die ein Mensch besitzt, wird auch seine Achtung vor der Gerechtigkeit stehen, und er wird gut zu G-tt und zu den Menschen sein. Wie König Salomo, Friede sei mit ihm, sagte (Sprüche 12:8): "Ein Mensch wird nach seiner Intelligenz gelobt werden." Wenn er keine Intelligenz hat, kann er seinem G-tt nicht so dienen, wie es sich gehört, weil vier Faktoren den Dienst behindern und zerstören.

Sefer HaYashar - Das Buch der Geradlinigkeit

Kapitel Zwei

Erstens: Er kennt den richtigen Weg nicht.

Zweitens weiß er nicht, wie man zwischen gut und schlecht unterscheidet.

Drittens: Er fürchtet seinen G-tt nicht.

Und viertens glaubt er nicht, dass es eine Belohnung für seine Taten gibt.

Diese vier Eigenschaften fehlen, wenn die Weisheit fehlt, denn sie können nicht zusammenkommen, wenn nicht Erkenntnis und Weisheit vorhanden sind. Wenn ein Mensch kein Wissen und keine Weisheit hat, wird er seinen G-tt nicht erkennen und ihm nicht dienen, wie es heißt (Jeremia 9,23): "Wer sich aber rühmt, der rühme sich dessen, dass er mich versteht und kennt." Der Prophet meint, dass jeder, der Weisheit besitzt, "Mich" sofort verstehen und erkennen wird. Denn durch das Wissen erkennt der Mensch seinen Schöpfer und dient ihm dann. Auf diese Weise wird es an vielen Stellen erklärt. Über die Vernunft heißt es (Deuteronomium 29:8): "Damit du alles mit Verstand tust", und über das Wissen heißt es (ebd., 4:35): "Dir wurde es gezeigt, damit du weißt.

Sefer HaYashar - Das Buch der Geradlinigkeit

Kapitel Zwei

Da deutlich gemacht wurde, dass der Dienst an G-tt mit drei Dingen erfolgen muss: mit Furcht, mit Weisheit und mit Liebe, erkennen wir, dass diese drei von einem Hirten gegeben werden, und das ist die Vernunft, denn die Vernunft enthält alle drei und auch andere Kräfte. Denn es ist offensichtlich, dass die Vernunft die Weisheit und die Liebe enthält und das Bewusstsein, dass der vernünftige Mensch in allen Dingen den gerechten Weg lieben soll, damit er nicht zu irgendeinem von ihnen mehr hinzufügt, als es angemessen ist, oder mehr abnimmt, als es angemessen ist. Daraus lernen wir, dass je nach der Vollkommenheit der Vernunft des Menschen sein Dienst an G-tt ganz wird, und dass das, was in der Vollkommenheit seines Dienstes an G-tt fehlt, in der Vernunft und im Wissen des Menschen fehlt. Wenn der Dienst vollkommen ist, besteht kein Zweifel, dass die Erkenntnis ihres Besitzers vollständig ist. Denn die Schrift sagt von den Sündern (Jeremia 10,14): "Ein jeder Mensch erweist sich als brutal und ohne Erkenntnis", und sie sagt (Jesaja 44,18-19):

Sefer HaYashar - Das Buch der Geradlinigkeit

Kapitel Zwei

"Sie wissen nicht und verstehen nicht; denn ihre Augen sind betäubt, dass sie nicht sehen, und ihre Herzen, dass sie nicht verstehen. Und niemand denkt in seinem Herzen nach, und es ist weder Erkenntnis noch Verstand da." Der Prophet meint, dass der G-ttesdienst mit der Kraft der Weisheit erfolgen muss, wie es heißt (Psalm 111,10): "Die Furcht des Herrn ist der Weisheit Anfang." Und dies ist ein Zeichen dafür, dass der Dienst G-ttes, gepriesen sei Er, das Ziel der Vernunft und der Weisheit ist und dass diejenigen, die G-tt verlassen, Narren sind. Wenn jemand sagen würde: "Siehe, du siehst die Gottlosen, dass es auch unter ihnen weise und kluge Menschen auf allen Gebieten der Weisheit gibt. Wie kannst du von ihnen sagen, dass sie töricht sind oder dass es ihnen an geistiger Kraft mangelt?" Unsere Antwort würde lauten: "Wenn ein weiser Mensch von einem Unglück heimgesucht wird und daraufhin etwas tut, was er noch nie getan hat, aber plötzlich erkennt, dass ihm dadurch das Heil zuteil wird, dann ist das ein Zeichen für seine frühere Torheit.

Sefer HaYashar - Das Buch der Geradlinigkeit

Kapitel Zwei

Wir sehen böse Menschen, die, wenn sie krank sind oder große Schmerzen haben oder dem Tod nahe sind, gegen ihren Willen zum Schöpfer, gepriesen sei Er, zurückkehren. Sie flehen Ihn an, denn sie erkennen, dass sie nur von Ihm Hilfe und Erleichterung erhalten werden. Da sie sich nicht an Ihn gewandt haben, als sie in Sicherheit waren, und nicht erkannt haben, dass der Akt der Reue gut ist, gibt es keinen Zweifel, dass sie Narren sind, und das ist ein Zeichen für ihren Mangel an Wissen, denn sie haben ihren Schöpfer, gepriesen sei Er, nicht erkannt, außer auf dem Prüfstand der Schwierigkeiten, wie es bei Einfaltspinseln und Narren üblich ist. Solche wie sie haben keine Überlegenheit gegenüber anderen Narren, wenn es um die Erkenntnis des Schöpfers, gepriesen sei Er, geht.

Sefer HaYashar

Das Buch der Geradlinigkeit
von Rabbeinu Tam

Kapitel Drei

Über den Glauben und die Dinge, die mit den Geheimnissen des gesegneten Schöpfers zu tun haben

Wisse, dass der Glaube aus der Vernunft kommt. Die Vernunft ist ein allgemeiner Begriff, der sich aus Liebe, Furcht und Weisheit zusammensetzt, und wenn diese drei sich verbinden und vermischen, entsteht aus ihnen die Vernunft, und aus der Vernunft entsteht der Glaube. Nun ist es möglich, dass sich der Glaube mit zwei Eigenschaften allein verbindet - Liebe und Furcht - aber in einem solchen Fall wäre der Glaube, der sich daraus ergibt, fehlerhaft. Es ist möglich, dass das Böse, das in einer bestimmten Weisheit

Sefer HaYashar - Das Buch der Geradlinigkeit

Kapitel Drei

enthalten ist, denjenigen zerstört, dem der Glaube fehlt, zum Beispiel die Weisheit der Atheisten, Ketzer und Philosophen, die nicht an die Heilige Thora glauben, und zwar wegen des Bösen, das in ihrer Weisheit enthalten ist. Wenn dann zu dieser bösen Weisheit noch ein böses Herz und unwürdige Eigenschaften hinzukommen, wird der Glaube völlig zerstört werden. Denn die Eigenschaft der Liebe wird in dieser Kombination fehlen, nicht nur wegen des bösen Herzens, sondern auch wegen des Studiums der bösen Weisheiten, und neue und böse Dinge werden in das Herz eindringen. Diese werden die Quelle der Liebe zerstören, und dann wird die Quelle der Liebe selbst eine verdorbene und trübe Quelle sein. Wenn der Mangel an Liebe mit böser Weisheit kombiniert wird, ist jeder Glaube verloren. Deshalb muss ich sagen, dass der wahre Dienst an G-tt aus der Kraft des Glaubens kommt, und der Glaube wiederum kommt aus der Kraft dieser drei Eigenschaften, und das sind Weisheit, Liebe und Furcht. Dazu kommen noch viele andere Kräfte, wie zum Beispiel das

Sefer HaYashar - Das Buch der Geradlinigkeit

Kapitel Drei

Beharren auf der Einheit G-ttes, das Vertrauen auf G-tt, die Demut, das moralische Verhalten und ähnliche Eigenschaften. Aber wir sind jetzt nicht gekommen, um diese anderen Eigenschaften zu erklären, sondern um die drei wichtigsten zu erläutern, und diese drei kommen aus der Kraft der Vernunft, wie wir bereits gesagt haben. Deshalb werden wir jetzt kurz die Sache mit der Vernunft erklären, und danach werden wir alles erklären, was mit der Liebe, der Furcht und der Weisheit zusammenhängt. Aus all diesen Dingen wird das Geheimnis des Glaubens hervorgehen. Wenn wir ihre Bedeutung vollständig verstanden haben, können wir aus ihnen den Sinn und die Grundlagen des Dienstes an G-tt lernen. Wenn wir all dies vervollständigt haben, werden wir das Kapitel über den Dienst an G-tt und alle seine Bedingungen erklären.

Nun beginnen wir mit der Hilfe G-ttes und sagen: Alles, was mit der Vernunft oder einem der Sinne erfasst werden kann, hat zwei Kräfte: die eine Kraft ist innerlich und verborgen, die andere ist äußerlich und offenbart. Zum

Sefer HaYashar - Das Buch der Geradlinigkeit

Kapitel Drei

Beispiel die vier Elemente. Jedes von ihnen hat zwei Kräfte: eine Kraft, die es vor der Zerstörung bewahrt, und eine, die es von den anderen Elementen abgrenzt. Ein Beispiel: Die Kraft, die wärmt, ist das Feuer. Nun ist das Feuer selbst die Form, die sich vor unseren Augen offenbart, und ähnlich verhält es sich mit dem Wasser, mit der Erde und mit der Luft, denn obwohl die Luft sehr dünn ist, hat sie eine verborgene Kraft, die es ihr ermöglicht, sich zu bewegen, und wir können sie nicht direkt erfahren. Wir können uns nur die äußere Kraft vorstellen, die wir in unserem Gesicht oder an unserem Körper spüren, wenn der Wind vorbeizieht. So wie es in den Elementen und Metallen eine innere und eine äußere Kraft gibt, so muss man sagen, dass jede Pflanze in ihrem Inneren eine Kraft hat, die ihr Wachstum und ihre Vermehrung in sich birgt und die sie vor Verlusten bewahrt und sie von anderen Objekten unterscheidet. Der Körper der Pflanze ist also ihre sichtbare Kraft. Wenn das so ist, gibt es in jedem wachsenden Ding zwei Kräfte: eine offenbare und eine verborgene. So

Sefer HaYashar - Das Buch der Geradlinigkeit

Kapitel Drei

ist es auch bei den Tieren: jedes hat eine Kraft, die in sich Bewegung, Gefühl und natürliche Wärme enthält. Sie haben eine äußere Kraft, die ihre Körperlichkeit ist. Wenn das so ist, dann haben sie wirklich drei Kräfte, von denen eine den anderen überlegen ist. Die erste sind die Elemente, aus denen die Körper geformt werden; ihr übergeordnet ist die vegetative Kraft und die letzte übergeordnete ist der wachsende Körper der Pflanze. Sie besitzen eine feine innere Kraft, und diese ist die weise Seele, die mehr verborgen ist als das eigentliche physische Leben der Lebewesen. Die grobe Kraft ist der Körper, und so ist es auch mit der Kugel. Sie hat eine verborgene innere Kraft, und das ist die allgemeine Seele, die höher ist als die intelligente Seele, während die grobe Kraft der Körper der Sphäre ist. Nun gibt es in den Engeln eine innere Kraft, die erhabener und feiner ist als die physische Kraft der Sphäre. Es gibt auch eine äußere Kraft, die die für die Menschen sichtbare Form ist, zum Beispiel die Form der himmlischen Wesen und Sphären. Könnte sich unser Verstand etwas

Sefer HaYashar - Das Buch der Geradlinigkeit

Kapitel Drei

Höheres als dies vorstellen, würden wir es mit diesen Kräften darstellen. Da aber der Schöpfer, gepriesen sei er, über unserem Verstand steht und höher ist als die Fähigkeit unseres Verstandes, ihn zu begreifen, wissen wir, dass er nicht so beschrieben werden kann, dass er eine innere und eine äußere Kraft hat, wie die übrigen Begriffe, von denen wir gesprochen haben. Diese Begrenzung unseres Intellekts ergibt sich aus der Tatsache, dass der Intellekt ein Teil unserer Seele ist und sich mit dem Körper vereinigt, und so sehen wir, dass er zwei Kräfte hat, eine innere und verborgene und die andere ist die äußere.

Wir sagen, dass alles danach strebt, das zu erreichen, was zu seiner eigenen Klasse gehört, zum Beispiel: Der Mensch sehnt sich danach, Weisheit zu erlangen. Das Pferd oder das Rind sehnen sich nicht nach Weisheit; sie ist kein Aspekt ihrer Natur. Wir sagen, dass sich Menschen mit Menschen und Tiere mit Tieren ungehindert verbinden. Wir sagen, dass der Zuhörer die Absicht dessen, der spricht, versteht, weil er von seiner eigenen Klasse ist.

Sefer HaYashar - Das Buch der Geradlinigkeit

Kapitel Drei

Wir sagen, dass die Hand in einem Gegenstand spüren kann, ob er feucht oder warm oder kalt oder trocken ist, weil diese Empfindlichkeit zu ihrer Klasse gehört, und dass die Hand mit gleicher Leichtigkeit warm oder kalt oder feucht oder trocken ist. Aber die Hand kann sich Weisheit, Bescheidenheit, Liebe oder Furcht nicht vorstellen, und sie weiß nicht, was sie sind, weil sie nicht zu ihrer Klasse gehören, und die Hand ist keiner dieser Eigenschaften in irgendeiner Hinsicht ähnlich, außer in der Art der Erschaffung, denn die Hand wurde erschaffen, und Weisheit und Bescheidenheit kommen vom Menschen, der erschaffen wurde. Deshalb sagen wir, dass die Bescheidenheit erschaffen ist, weil sie von den Fähigkeiten der erschaffenen Wesen herrührt. So wie diese Kräfte, die der Intellekt ist, den Kräften, die wahrnehmbar, physisch und niedrig sind, weit überlegen sind, so sind die Kräfte, die vom Schöpfer ausgehen, dem aktiven Intellekt überlegen. Man beachte, dass wir "die Kräfte, die vom Schöpfer ausgehen" und nicht "die Kräfte des Schöpfers" sagen,

Sefer HaYashar - Das Buch der Geradlinigkeit

Kapitel Drei

denn es besteht eine Ähnlichkeit zwischen den Kräften des Schöpfers und dem aktiven Intellekt, denn die Kräfte des Schöpfers gehen von ihm aus, und er (d.h. der aktive Intellekt) ist die Summe seiner Kräfte. Doch zwischen dem Wesen des Schöpfers, gepriesen sei Er, und dem Aktiven Intellekt besteht ein unendlicher Abstand, und es gibt keinerlei Vergleich oder Verschmelzung zwischen ihnen und auch keine Ähnlichkeit, denn der Schöpfer ist die Quelle, aus der alle Emanationen stammen, während die Vernunft das ist, was emaniert. Es gibt ein Potential der Vernunft, durch das wir Ideen erlangen können. Zwischen dieser Kraft der Vernunft, die in uns ist, und der Kraft der Sinne besteht ein großer Abstand, ja nichts könnte weiter entfernt sein. Hätten wir nun die Fähigkeit, uns eine Kraft anzueignen, deren Abstand zu unserem Verstand so groß wäre wie der Abstand unseres Verstandes zu unseren Sinnen, dann wären wir in der Lage, das zu begreifen, was wir vom Wesen des Schöpfers (in Wirklichkeit) nicht begreifen. Wäre seine

Sefer HaYashar - Das Buch der Geradlinigkeit

Kapitel Drei

Einheit begreifbar, würden wir die Einheit (mit ihm) nicht (dadurch) erreichen. Die Tatsache, dass wir unsere Fähigkeit, zu seiner Erkenntnis zu gelangen, verneinen müssen, zeigt, dass unsere Erkenntnis nicht die wahre ist. Die Tatsache, dass wir unsere Vorstellung von Seiner Existenz verneinen müssen, ist ein Beweis dafür, dass Er wirklich das wahre Sein besitzt. Zur Veranschaulichung: Wenn die Hand eines Menschen das gesamte Wasser des Meeres auffangen könnte, wäre dies kein Zeichen für die Größe der Hand, sondern für die geringe Menge des Meereswassers. Und wenn das Pferd und der Esel das begreifen könnten, was der Mensch mit seiner Weisheit begreifen kann, wäre das kein Zeichen für die Weisheit des Pferdes oder des Esels, sondern für die Torheit des menschlichen Verstandes. Ähnlich verhält es sich mit der Weite des Himmels: Wenn wir sagen würden, dass das Senfkorn ihn fassen und umschließen könnte, wäre das kein Zeichen für die Größe des Senfkorns, sondern für die Kleinheit des Himmels. Aber das ist keine perfekte

Sefer HaYashar - Das Buch der Geradlinigkeit

Kapitel Drei

Analogie, denn es gibt eine Beziehung zwischen dem Senfkorn und dem Himmel. Denn der Himmel ist geschaffen, und es, das Senfkorn, ist geschaffen, und es gibt keine Gemeinsamkeit zwischen unserem Verstand und dem Schöpfer. Wie wir deutlich gesagt haben, ist der Schöpfer weder weit weg noch nahe. Er ist weder hoch, noch ist Er niedrig. Denn wenn du ihm eine dieser Eigenschaften zuschreibst, dann schreibst du ihm einen besonderen Raum zu und ein Wissen über sein Wesen. Denn wenn G-tt einen Ort hätte, würde Er (an diesem Ort) existieren. Aber wir wissen, dass er nicht existiert, außer an sich, nicht in (Beziehung) zu etwas anderem (d.h. einem Ort, der ihn umgibt). Das ist der Unterschied zwischen dem Schöpfer und einem Geschöpf: Das Geschöpf existiert an sich und in Beziehung zu etwas anderem (während) der Weise (d.h. G-tt) (nur) an sich (nicht) in Beziehung zu etwas anderem existiert.

Wisse dies in Wahrheit, dass dem Schöpfer, gepriesen sei er, keine Eigenschaft zugeschrieben werden muss, weder Kraft,

Sefer HaYashar - Das Buch der Geradlinigkeit

Kapitel Drei

noch Leben, noch Weisheit, noch Existenz, noch Einheit, denn er ist jenseits all dieser Eigenschaften, und es ist nicht notwendig, ihm irgendeine dieser Eigenschaften zuzuschreiben, außer dass er uns zwingt, zwei Dinge über ihn zu erzählen. Die eine stammt aus der Heiligen Schrift (Sprüche 3,19): "Der Herr hat die Erde durch Weisheit gegründet", und ähnliche Stellen. Das zweite müssen wir von ihm erzählen, indem wir seine Existenz bekräftigen, um zu vermeiden, dass wir ihm all das zuschreiben, was gewöhnlich mit etwas einhergeht, das keine Existenz hat. Denn das, was nicht existiert, ist ein Nichts, das keine Realität hat, keine Kräfte besitzt und aus dem nichts Gutes oder Schlechtes hervorgehen kann. Deshalb sind wir verpflichtet zu sagen, dass Er existiert, und deshalb sagen wir, dass Er Eins ist, um zu vermeiden, dass wir Ihm alle Bezeichnungen von Dingen zuschreiben, die gewöhnlich jemanden begleiten, der mehr als einer ist, zum Beispiel Pluralität oder Teilung, Beziehung, Subtraktion und Zunahme und Eigenschaften wie diese. So ist es mit jedem

Sefer HaYashar - Das Buch der Geradlinigkeit
Kapitel Drei

Namen, mit dem wir Ihn nennen, denn wir nennen Ihn nicht deshalb so, weil es für Ihn passend und angemessen ist, sondern nur, um zu vermeiden, Ihn mit den Begriffen zu nennen, die das Gegenteil dieses Namens sind. Jetzt, verstehe es gut.

Da wir nun wissen, dass seine wahre Existenz jede Vorstellung von seiner Existenz, die wir haben könnten, zunichte macht, werden wir wissen, dass er nicht fern und nicht nah ist. Da Er nicht fern und nicht nah ist, schließen wir aus unseren eigenen Worten, wenn wir sagen: "Er ist überhaupt nicht fern", dass Er uns mit größter Nähe am nächsten ist. Und wenn wir sagen: "Er ist überhaupt nicht nah", dann ist er am weitesten entfernt und hat den größten Abstand. Diese Überlegenheit, die der Schöpfer, gepriesen sei Er, über jedes geschaffene Objekt hat, ist nicht wie die Überlegenheit, die zwischen demjenigen, der schlägt, und dem geschlagenen Objekt besteht. Die Überlegenheit, die zwischen dem Schlagenden und dem Geschlagenen besteht, bezieht sich nur auf das Schlagen. Der

Sefer HaYashar - Das Buch der Geradlinigkeit

Kapitel Drei

Schlagende und der Geschlagene haben viele Eigenschaften gemeinsam, zum Beispiel die Tatsache, dass sie beide geschaffen sind. Sie teilen ihre Kräfte, ihre Form, viele Eigenschaften und viele Handlungen, und da sie viele Handlungen teilen, gibt es keine wirkliche Überlegenheit desjenigen, der handelt, über das Objekt, auf das gewirkt wird. Denn wahre Überlegenheit würde bedeuten, dass der eine an keiner der Eigenschaften teilhat, die der andere besitzt. Das wäre die wahre Überlegenheit. Diese wahre Überlegenheit ist die Überlegenheit des Schöpfers, gepriesen sei Er, über das geschaffene Objekt. Ich möchte sagen, dass Er nicht fern und nicht nah ist. Denn aufgrund der Tatsache, dass wir uns Seine Existenz nicht vorstellen können, ist es notwendig zu sagen, dass Er "nicht nahe" ist. Aus der Tatsache, dass Er über alle geschaffenen Wesen wacht und sie leitet, ist es notwendig, dass Er "nicht fern" ist. Wenn das so ist, dann ist Er weiter entfernt als die größte Entfernung und näher als die größte Nähe, und deshalb liegt es an uns zu wissen,

Sefer HaYashar - Das Buch der Geradlinigkeit

Kapitel Drei

dass Er nahe ist und uns sieht und um alle unsere Angelegenheiten weiß, und Er leitet uns, und keine einzige unserer Bewegungen wird gemacht, außer durch Worte Seines Mundes und durch Seine Erlaubnis. Deshalb sollte jeder Mensch glauben, dass der Schöpfer, gepriesen sei Er, immer vor ihm und nahe bei ihm ist und über alle seine Schritte Rechenschaft ablegt und jeden Ausdruck seiner Lippen und alle seine Bewegungen und alle seine Gedanken sorgfältig prüft. Wir sollten nicht nach dem anderen Extrem suchen und sagen, dass Er so weit weg ist, dass Seine Vorsehung nicht über uns ist, und dass Er uns nicht beaufsichtigt, weil wir Sein Wesen nicht begreifen können. Auch sollten wir diese Tatsache (d.h. unsere Unwissenheit) nicht als Zeichen Seiner absoluten Entfernung von uns deuten. Aber die Menschen sollten denken, dass der Schöpfer ihnen zur Zeit ihrer Erschaffung aus dem Nichts nahe war, ihnen Leben, Vernunft und Weisheit gab und sie mit dem nötigen Lebensunterhalt versorgte, und dass Er ihnen daher immer mit äußerster Nähe

Sefer HaYashar - Das Buch der Geradlinigkeit

Kapitel Drei

nahe ist.

Nun habe ich schon gesagt, dass wir nicht das andere Extrem suchen und sagen sollen, dass Er weit weg ist, denn beide Ansichten sind identisch, und es ist dasselbe, wenn du sagst, dass Er nicht nah und nicht fern ist, denn du wirst in beiden Fällen Recht haben. Da du in beiden Fällen Recht haben wirst, wähle, welche der beiden Ansichten du brauchst und welche du am besten begründen kannst. Deshalb ist es notwendig, dass du sagst, dass Er dir nahe ist und dass Seine Vorsehung über dich wacht und ständig Rechenschaft über alle deine Angelegenheiten ablegt. Deshalb musst du sagen, dass Er nicht weit weg ist, denn all diese Dinge führen dich notwendigerweise zu diesem Schluss. Nachdem klar geworden ist, dass Er nicht fern und nicht nah ist, wird es so sein, als würde man sagen, dass Er fern und nah ist. Wir könnten also sagen, dass Er allen guten Taten nahe ist, denn sie (d.h. die gute Tat) haften an Ihm. Er wünscht sich diese guten Taten, weil er uns nahe ist. Aber wir dürfen nicht sagen, dass er aufgrund seiner großen Entfernung von uns keine Wünsche oder Nähe zu irgendetwas hat. Lasst euch nicht von dem abschrecken, was wir gerade gesagt

Sefer HaYashar - Das Buch der Geradlinigkeit

Kapitel Drei

haben, dass Er gleichzeitig nah und fern ist und dass Er gleichzeitig begehrt und nicht begehrt. Der Grund dafür, dass ihr euch abschrecken lasst, liegt darin, dass man in einem geschaffenen Körper nicht zwei sich gegenseitig ausschließende (widersprüchliche) Gegensätze miteinander verbinden kann, denn Ferne und Nähe, auf die sich der Schöpfer bezieht, sind nicht mit sich gegenseitig ausschließenden Eigenschaften zu vergleichen, wenn man sich auf das Geschaffene bezieht. Diese Gegensätze gibt es im Geschaffenen, aber in Bezug auf die Macht des Schöpfers gilt das nicht. Extrapoliere nicht vom Geschaffenen auf den Schöpfer. Es ist nicht richtig zu sagen, dass jedes Produkt den Hersteller bezeugt, so ist es auch mit dem Schöpfer, gepriesen sei Er. Ebenso können wir nicht sagen, dass die Welt uns etwas über die Natur des Schöpfers, gepriesen sei Er, lehrt, so wie jedes geschaffene Objekt etwas über die Natur seines Schöpfers aussagt. Aber im Falle des Schöpfers ist es genau andersherum, auch wenn die Macht des Schöpfers in dem Geschaffenen zu finden ist und von der Existenz des Schöpfers und der Natur Seines Werkes und Seiner Beziehung zu Seinem

Sefer HaYashar - Das Buch der Geradlinigkeit

Kapitel Drei

Werk, zu Seiner Aufgabe und zu Seiner Kontrolle darüber zeugt. Dennoch ist die Macht des Schöpfers nicht in dem geschaffenen Gegenstand zu finden, so wie die Macht des menschlichen Arbeiters in seiner Arbeit zu finden ist. Aber dies ist eine verborgenere Angelegenheit. Die Macht des g-ttlichen Schöpfers, sein Werk und seine Beziehung zu seinem Werk, kann nur auf einem anderen Weg gefunden werden, der weiter und tiefer liegt als dieser.

Sefer HaYashar - Das Buch der Geradlinigkeit

Kapitel Vier

Sefer HaYashar

Das Buch der Geradlinigkeit

von Rabbeinu Tam

Kapitel Vier

G-ttesdienst kurz erklärt

Wisse, dass es sechs Methoden des Dienens gibt, von denen jede aus vielen Aspekten besteht. Jeder, der in der Lage ist, sich zu disziplinieren, sich an sein Verlangen zu gewöhnen und sich zu einer bestimmten Zeit und mit voller Konzentration auf diese Dinge zu konzentrieren, wird die Liebe des Schöpfers, gepriesen sei Er, in sein Herz einziehen lassen, und er wird sich an Seine Anbetung klammern. Und dies sind die Aufgaben.

Die erste ist, dass ein Mensch Menschen begleiten sollte, die ihn zur Anbetung bewegen

Sefer HaYashar - Das Buch der Geradlinigkeit

Kapitel Vier

- Menschen wie die Weisen, die Frommen, die Armen, die Kranken und die in Not Geratenen. Die zweite Besonderheit besteht darin, sich von der entgegengesetzten Art von Menschen fernzuhalten - von den Vergnügungssüchtigen, den Reichen, den Bösen, den Toren, den Unwissenden, den Frauen und den Zweiflern. Denn die Gesellschaft all dieser Menschen wird den Glauben zerstören, und die Anbetung G-ttes kann mit solchen Menschen nicht aufrechterhalten werden.

Die dritte Besonderheit besteht darin, dass er es sich zur Regel machen soll, jeden Tag die Worte unserer Lehrer seligen Andenkens zu studieren, so gut er kann, denn sie werden sein Antlitz zum Leuchten bringen und ihm die Pforten der Hoffnung öffnen. Ebenso sollte er es sich zur Regel machen, jeden Tag in der Tora des Herrn zu lesen, wie es heißt (Josua 1,8): "Und du sollst Tag und Nacht darin studieren." Er soll sich ständig mit den Schriften der Gerechten befassen, wie z.B. mit dem Werk des frommen Bachya Ibn-Pakuda, seligen Andenkens, und dazu kommen die

Sefer HaYashar - Das Buch der Geradlinigkeit

<u>Kapitel Vier</u>

Bücher und Schriften, die ihn zum Erinnern veranlassen und ihn aus seiner Lethargie (aus seinem vergeblichen Schlaf) aufwecken werden. Oder er sollte ein Buch haben, das alle Angelegenheiten des G-ttesdienstes enthält und das er jeden Tag lesen sollte.

Die vierte Besonderheit ist, dass er es vermeiden soll, sich mit fremden Philosophien zu befassen, außer mit solchen, von denen er weiß und glaubt, dass sie seinen Glauben in ihm stärken werden. Er sollte ein solches Werk nur minimal studieren und sich nicht zu tief darin vertiefen, denn wenn er sich zu tief vertieft, wird sein Glaube vor seinen Augen verschwinden. Und auch wenn er glaubt, die Wahrheit zu begreifen, wird er Torheit und Leere finden.

Die fünfte Besonderheit besteht darin, sich jederzeit an den Lohn der Gerechten und die Strafe der Bösen zu erinnern, an die Schrecken des Todes, an die Geschehnisse dieser Welt, an ihre Stolpersteine, an ihr Versagen, an ihre Makel, an ihre Schande und an ihre Wechselfälle.

Sefer HaYashar - Das Buch der Geradlinigkeit

Kapitel Vier

Der sechste Punkt ist, alle Methoden des G-ttesdienstes und seine Regeln zu kennen, sowie die Natur aller damit verbundenen Dinge - seine Gebete, seine Bitten, sein Fasten, seine Sorgen und seine Überlegungen über die Geheimnisse des Universums. Diese sechste Besonderheit ist unterteilt in Dinge, die die Seele betreffen, und solche, die den Körper betreffen. Ein Teil davon ergibt sich aus den Eigenschaften der Seele, ein Teil aus den Eigenschaften des Leibes. Betrachten wir zunächst die Eigenschaften der Seele und dann die Eigenschaften des Körpers.

Zunächst möchte ich sagen, dass der Glaube zur Kraft der Seele gehört. Der Mensch sollte den Glauben auf die Art und Weise ausüben, die ich hier anführe. Es ist notwendig, mit vollem Glauben an die Einheit G-ttes, möge Er gepriesen werden, an Seine Existenz, an Seine G-ttlichkeit, an Seine Ewigkeit, an Seine Weisheit und an Seine Allmacht zu glauben, und an die Thora und alles, was in ihr geschrieben steht, zu glauben. Und an alles, was in ihr enthalten ist, was die Vernunft allein

Sefer HaYashar - Das Buch der Geradlinigkeit

Kapitel Vier

nicht akzeptieren kann. Und er soll diese nicht skeptisch betrachten, sondern die Begrenztheit seiner Vernunft bedenken, die ihn daran hindert, zum wahren Sinn der Sache zu gelangen. Er soll an die Propheten und ihre Weissagung glauben, und er soll an die Weisen und alle ihre Worte glauben, und an den Tag des Gerichts und der Abrechnung und seine Strafe und Belohnung, und an die Auferstehung der Toten und an die Erlösung. Und er soll nicht glauben an die sogenannten Weisheiten der Bösen und der Ketzer und an die sogenannten Weisheiten der Völker und ihre Täuschungen und ihre Lehren.

Zu den Eigenschaften der Seele gehört die Liebe. Man, muss die Liebe richtig einsetzen; es ist notwendig, G-tt, möge Er gepriesen werden, mit einer großen und vollkommenen Liebe zu lieben, nicht in der Hoffnung auf irgendeine Belohnung oder auf einen persönlichen Vorteil. Man muss die Tora lieben und jede Anstrengung zur Erreichung Seines Willens lieben. Man muss die Weisen und ihre Lehren lieben und all jene, die den

Sefer HaYashar - Das Buch der Geradlinigkeit

Kapitel Vier

Schöpfer, gepriesen sei Er, lieben, und man muss die Armen und die Proselyten lieben, und man darf die Feinde G-ttes, gepriesen sei Er, nicht lieben. Man soll weder böse Taten noch die Vergnügungen der Welt lieben, sondern in ausgewogenem Maß (in Mäßigung) leben. Man soll nicht all die sogenannten Weisheiten und die bösen Taten lieben, die den Dienst G-ttes, gepriesen sei Er, zerstören und einen weit weg von Seinem Dienst stoßen, gepriesen sei Er.

Eine weitere Eigenschaft der Seele ist das Vertrauen. Es ist notwendig, Vertrauen so zu verwenden, wie es sich gehört, und das ist seine Bedeutung. Man muss G-tt und seinen Wegen und seinen Tröstungen vertrauen und darauf vertrauen, dass es einen Trost oder eine Belohnung für die Taten des Menschen gibt und dass es Hoffnung für seine Zukunft gibt. Und er soll auf keine Macht vertrauen, außer auf die Macht G-ttes, gepriesen sei Er. Er soll nicht auf seinen eigenen Reichtum vertrauen, auf sein Leben, auf seine Macht, auf seine Gerechtigkeit, noch auf die Ansprüche derer,

Sefer HaYashar - Das Buch der Geradlinigkeit

Kapitel Vier

die ihn verführen.

Zu den Eigenschaften der Seele gehört auch der Wille. Man muss ihn richtig gebrauchen. Man sollte alles, was von seinem G-tt auf einen zukommt, bereitwillig annehmen. Er soll nicht ungeduldig werden, wenn G-tt ihn zurechtweist, und er soll die Zurechtweisung seiner Eltern und seiner Lehrer bereitwillig auf sich nehmen und sich den Willen G-ttes ganz zu eigen machen.

Zu den Eigenschaften der Seele gehört auch die Demut. Man muss die Demut richtig üben, so dass man mit jedem Menschen demütig ist, bescheiden und demütig im Gehen, im Sitzen, im Reden und im Beten, und die Gemeinschaft mit den Armen sucht und sich nicht überschätzt sich selbst in seinen eigenen Augen.

Zu den Eigenschaften der Seele gehört auch die Scham. Der Mensch muss sich seiner Sünden schamhaft bewusst sein, er muss sich vor seinem G-tt schämen und seine Augen zu Ihm erheben, wenn er an die Unreinheit seiner Taten, an sein abwegiges Verhalten und an

Sefer HaYashar - Das Buch der Geradlinigkeit

Kapitel Vier

seine Begierden denkt. Er muss sehr demütig und bescheiden sein und sich in seinen eigenen Augen schämen.

Zu den Eigenschaften der Seele gehört auch der Neid. Man sollte neidisch sein auf die Frommen, und noch mehr als auf sie, auf die Reumütigen, und noch mehr als auf sie, auf die, die jünger sind als man selbst, und die sich von ihrer Jugend an fleißig in den Dienst G-ttes gestellt haben, möge Er gepriesen werden. Man sollte neidisch sein auf die ganz Armen, die nicht einmal einen Augenblick Nahrung haben und trotz all ihrer Armut und Entbehrung nicht faul und unwillig sind, G-tt zu dienen, gepriesen sei Er. Man muss die Völker der Welt und diejenigen beneiden, die die Sinnlosigkeit anbeten, die ihre Seelen mit allerlei Trübsal plagen, die sich verkriechen und bis ans Ende der Welt reisen, einen Monat lang, in der Hitze des Tages und in der Kälte der Nacht, und ihr Geld für das ausgeben, was sinnlos und wertlos ist. Seht, das ist es, was die Narren und Einfaltspinsel tun, die steinernen Bildern dienen. Umso mehr sollte derjenige

Sefer HaYashar - Das Buch der Geradlinigkeit

<u>Kapitel Vier</u>

tun, der dem Meister des Universums dient. Sicherlich sollte er sie beneiden und doppelt so viel tun, je nach seinen Fähigkeiten.

Eine weitere Eigenschaft der Seele ist das Denken. Man muss seine Gedanken richtig gebrauchen und darüber nachdenken, was sein Anfang war und was sein Ende sein wird. Man sollte über die Größe des Schöpfers, gesegnet sei Er, und seine Wunder und die Erschaffung des Himmels und der Erde nachdenken und über die Erschaffung seines eigenen Körpers und über all die Wohltaten, die G-tt, gesegnet sei Er, ihm vom ersten Tag seiner Geburt an erwiesen hat, genau nachdenken. Und man sollte bedenken und denken, dass die Welt vergänglich ist und alles eitel ist. Und man sollte an die Zeit denken, in der man vor dem Gericht stehen wird.

Zu den Eigenschaften der Seele gehört auch die Furcht. Man sollte G-tt und den Zorn G-ttes und seine Eltern und seine Lehrer fürchten, wie es heißt (Deuteronomium 6,13): "Du sollst den Herrn, deinen G-tt, fürchten." Und er soll die Orte fürchten, die G-tt heilig sind (siehe

Sefer HaYashar - Das Buch der Geradlinigkeit

Kapitel Vier

Levitikus 19,30). Er soll sich vor den Wechselfällen der Zeit fürchten und vor den Schwierigkeiten, die den Menschen bedrängen. Und er soll den Tag des Todes fürchten. Und er soll seine Verfehlungen fürchten. Er sollte Angst haben, dass er es nicht verdient, das Angesicht seines G-ttes zu sehen Zu den Eigenschaften der Seele gehört auch der Mut. Man muss im Dienst G-ttes, gepriesen sei Er, von Herzen mutig sein. Er sollte nicht auf diejenigen hören, die ihn verführen oder zwingen wollen, den Dienst G-ttes, gepriesen sei Er, aufzugeben. Um des Dienstes G-ttes, gepriesen sei Er, willen muss man bereit sein, sein Leben zu opfern und den Tod nicht zu fürchten.

Eine weitere Eigenschaft der Seele ist die Barmherzigkeit. Man sollte sich der Armen, der Niedergeschlagenen und der Kranken erbarmen und der Toren, die keinen Führer oder Lehrer haben. Und er sollte sich der Menschen in seinem eigenen Haushalt, seiner Dienerschaft und seiner eigenen Seele erbarmen. Und er soll seine Seele davor

Sefer HaYashar - Das Buch der Geradlinigkeit
Kapitel Vier

bewahren, in die Grube hinabzusteigen.

Zu den Eigenschaften der Seele gehört auch die Grausamkeit. Man muss grausam und hart zu denen sein, die ihn verführen und in die Irre führen. Und er soll kein Erbarmen mit dem Bösen haben, wie es heißt (Deuteronomium 13,9): "Du sollst ihn nicht schonen und nicht verbergen.

Zu den Eigenschaften der Seele gehört auch die Großzügigkeit. Man muss sich bereitwillig in den Dienst G-ttes stellen, mit seinem Reichtum, mit seiner Kraft, mit seinem Körper und mit seiner Seele. Man sollte mit seinem Reichtum großzügig zu den Armen und mit seinem Rat zu den Niedergeschlagenen sein.

Zu den Eigenschaften der Seele gehört auch die Weisheit. Man muss die Worte der Tora und die Worte der Weisen studieren. Man sollte sich nicht mit den schlechten Weisheiten beschäftigen, die den Dienst zunichte machen. Man muss sich bereitwillig der Kenntnis der mystischen Bedeutungen des Schöpfers, gepriesen sei Er, und der mystischen Bedeutungen der Gebote und der mystischen

Sefer HaYashar - Das Buch der Geradlinigkeit

Kapitel Vier

Bedeutungen der Worte selbst und der Worte der Weisen widmen.

Nachdem wir nun über die Eigenschaften der Seele und das Geheimnis des G-ttesdienstes und die Worte der Weisen nachgedacht haben, wie man sie ordnet und in die richtige Reihenfolge bringt, wollen wir uns mit den Werken des Körpers beschäftigen. Ich sage, dass.

Zu den Organen des Körpers gehören auch die Ohren. Man muss sie so gebrauchen, wie ich es vorschlage. Man muss auf seine Lehrer und seine Eltern hören (gehorchen) und den Worten der Tora und den Worten unserer heiligen Weisen Gehör schenken und auf den Schrei der Niedergeschlagenen hören, und man muss ein taubes Ohr für gemeine Äußerungen und spöttische Bemerkungen haben und nicht auf jemanden hören, der ihn verführen und in die Irre führen will.

Zu den Organen des Körpers gehören auch die Augen. Man muss sie richtig gebrauchen. Man sollte seine Augen schließen, um nicht auf das Böse zu blicken und keine Sünde zu sehen:

Sefer HaYashar - Das Buch der Geradlinigkeit

Kapitel Vier

Man darf nicht die ganze Nacht schlafen. Man sollte seine Augen während der Tefillah geschlossen halten. Und er soll Stirnbänder zwischen seine Augen legen, und er soll seine Augen zum Himmel erheben, und er soll über die Schöpfungen G-ttes, gepriesen sei Er, nachdenken, und er soll immer über die Tora des Herrn, gepriesen sei Er, meditieren.

Ein weiteres Organ des Körpers ist der Mund. Man muss darauf achten, dass man keine Eide, Flüche und obszöne Worte ausspricht. Man muss darauf achten, dass man nicht über die Fehler anderer Menschen spricht. Man muss darauf achten, dass man keine verkehrten Bücher (verderbliche Weisheit) liest. Man soll darauf achten, nicht zu essen und zu trinken, was verboten ist. Man soll die meiste Zeit seines Lebens fasten, und seine Worte sollen gerecht gesprochen sein. Man soll die Armen belehren und die Bösen ermahnen und die Trauernden trösten und denen, die verwirrt sind, Rat geben.

Zu den Organen des Körpers gehören auch die Hände. Man muss sie bei seinen geschäftlichen

Sefer HaYashar - Das Buch der Geradlinigkeit

Kapitel Vier

Aktivitäten richtig einsetzen. Man muss sich vor Betrug und Diebstahl hüten, davor, Raub zu begehen und jemandem zu schaden, und davor, sich auf unerlaubte Arbeit oder schändliche Taten einzulassen. Man soll keine rituell unreinen Dinge berühren und seine Hände für die Armen öffnen. Und man soll sich hüten und darauf achten, dass man sich nicht mit Arbeiten beschäftigt, die am Sabbat verboten sind.

Zu den Organen des Körpers gehören auch die Füße. Man muss sie richtig gebrauchen. Man muss auf den Wegen G-ttes wandeln. Man muss gehen, um die Werke der Nächstenliebe zu verrichten und für die Bedürfnisse der Armen zu sorgen und die Kranken zu besuchen und sich um das Begräbnisrecht zu kümmern und zum Haus des Gebets zu gehen, abends, morgens und mittags. Und man muss seine Füße gebrauchen, um vor bösen Männern und vor einer bösen Frau zu fliehen.

Zu den Organen des Menschen gehört der Körper in seiner Gesamtheit. Man muss seinen Körper richtig gebrauchen. Alle seine

Sefer HaYashar - Das Buch der Geradlinigkeit

Kapitel Vier

Beschäftigungen müssen einwandfrei sein. Man sollte seinem Körper nicht zu viel zumuten. Alles muss in Maßen sein.

Kapitel Fünf

Sefer HaYashar

Das Buch der Geradlinigkeit

von Rabbeinu Tam

Kapitel Fünf

Über die Säulen des G-ttesdienstes. Diese sind fünf: Vernunft, Liebe, Furcht, Weisheit und Glaube

Wisse, dass die Philosophen viel über die Vernunft geredet und sie geteilt haben, um den Unterschied zwischen dem Akt des Wissens, dem Wissenden und dem Gewussten besser zu erkennen. Denn es gibt einige Philosophen, die sagen, dass sie alle eins sind. Es gibt andere, die sagen, sie seien nicht eins, sondern drei. In einer solchen Diskussion liegt weder ein Vorteil noch ein Schaden. Aber es gibt einen Nutzen darin, dass wir verstehen und lernen und wissen müssen, dass die Vernunft die

Sefer HaYashar - Das Buch der Geradlinigkeit

Kapitel Fünf

Frucht der Seele ist, so wie der Apfel die Frucht des Baumes ist, und der Apfel erfordert viel Arbeit seitens seines Meisters, um den Baum zu bewachen, zu graben, zu beschneiden, ihn zu jeder Zeit zu gießen, ihn von schädlichem Unkraut frei zu halten - und entsprechend der Pflege des Apfels wird die Güte der Frucht sein. So muss ein Mensch seine Seele daran gewöhnen, in guten Eigenschaften, in Weisheit, in Ethik und in den Prüfungen der neuen Umstände, die sich ergeben können, und in den Ereignissen der Welt zu gedeihen. Wenn er seine Seele daran gewöhnt, in all diesen Eigenschaften und Umständen zu gedeihen, dann wird ihr (d.h. der Seele) Intellekt, der nur potentiell war, vervollkommnet und verwirklicht werden, und wenn der Intellekt in die Verwirklichung geht, in den Umständen und Bedingungen, die wir gerade erwähnt haben, dann kann ein Mensch vollkommen genannt werden. So wie ein Handwerker, wenn er sein Handwerk gut beherrscht und schöne Gefäße herstellt, sein Handwerk vollendet ist und er alle seine

Sefer HaYashar - Das Buch der Geradlinigkeit

Kapitel Fünf

Wünsche erfüllen kann, und er kann Ehre von den Fürsten und Nutzen von den Menschen erlangen; ähnlich ist es mit dem Weisen, wenn sein Intellekt vollendet ist. Dann kann er Ehre von seinem G-tt erlangen, und er wird Gunst in seinen Augen und in den Augen der Menschen finden. Denn wenn der Verstand vollkommen ist, bringt er den Menschen dazu, seinem G-tt zu dienen, ihn zu lieben und zu fürchten. Denn die Furcht vor G-tt, möge er gepriesen werden, und die Liebe zu ihm und die Verehrung von ihm, alle drei kommen aus der Kraft des Verstandes, so wie Ströme, egal wie viele es sind, aus einem Ort kommen. Daher haben alle Liebe, Furcht und Weisheit, die ohne den Verstand existieren können, keine Quelle und keine Grundlage.

Lasst mich nun diese drei Eigenschaften im Einzelnen erklären. Denn wenn ihr den Unterschied zwischen der Liebe eines Unwissenden und der Liebe eines Verstandesmenschen betrachtet, wird euch klar werden, dass die Liebe des Einfältigen gar keine Liebe ist, sondern nur ein flüchtiger

Sefer HaYashar - Das Buch der Geradlinigkeit

Kapitel Fünf

Gedanke. Aber der intelligente Mensch erfasst mit seinem Verstand, wen er lieben soll und wie er lieben soll. In ähnlicher Weise wirst du, wenn du auf den Unterschied zwischen der Furcht eines Einfaltspinsels vor seinem Herrn und der Furcht eines intelligenten Menschen achtest, erkennen, dass die Furcht des Einfaltspinsels Wahnsinn ist. Der intelligente Mensch erkennt den Wert seines Meisters, seine Furcht und seine Macht, und er weiß, dass er verpflichtet ist, ihm zu dienen und ihn zu fürchten, denn er steht ganz in der Macht seines Meisters, und sein Meister wird gut mit ihm umgehen. Wenn du den Unterschied zwischen der Weisheit eines Einfaltspinsels und der eines intelligenten Mannes betrachtest, wirst du wissen, dass die Weisheit des Einfaltspinsels töricht ist und keine Früchte trägt, während die des intelligenten Mannes intelligent und diszipliniert ist und Früchte trägt. Diese Art von Intellekt ist der Wille Gottes, möge er gepriesen werden. Er wird wissen, was er mit seiner Weisheit und seinem Verstand tun muss. Der Einfaltspinsel, der mit

Sefer HaYashar - Das Buch der Geradlinigkeit

<u>Kapitel Fünf</u>

seiner Weisheit wissen will, was er zu tun hat, wird von seiner Torheit überwältigt, und seine Gedanken verlieren sich, wie jemand, der ein krankes und schwaches Auge hat, aber das Licht der Sonne sehen will. Sein Auge wird dunkel, und er wandelt in der Finsternis, und er sieht nicht, was er sehen sollte. Wer aber ein gesundes Auge hat, der sieht das Licht und sieht alles, was ihn angeht, und er weiß, wie er es tun soll und wie er es beachten soll. Wenn das so ist, dann halte dir vor Augen, dass der Verstand das Fundament der drei Säulen des Glaubens ist, nämlich der Furcht, der Liebe und der Weisheit.

Nun müssen wir jedes einzelne davon erklären. Wir werden mit der Liebe beginnen. Die Liebe ist eine verbindende Eigenschaft zwischen dem Liebenden und dem Geliebten. Wisse, dass die Liebe in drei Teile unterteilt werden kann. Die eine Art der Liebe sucht einen Nutzen, die zweite Art der Liebe ist die Liebe, die man für die Gesellschaft und die Freunde hat, und die dritte ist die Liebe zu den guten Eigenschaften, die in dem Geliebten zu finden

Sefer HaYashar - Das Buch der Geradlinigkeit

<u>Kapitel Fünf</u>

sind; diese dritte Art der Liebe ist die feste und die wahre. Diese dritte Art der Liebe ist die feste und wahre Liebe, und sie hat die Kraft in sich, sich niemals zu verändern oder zu wandeln, denn diese Liebe wird von den Eigenschaften des Geliebten getragen und gebunden, und es ist unmöglich, dass sie sich ändert, wenn sich die Eigenschaften des Geliebten nicht ändern. Aber es ist nicht unsere Absicht, an die Eigenschaften zu erinnern, die sich verändern, sondern an die Eigenschaften, die Bestand haben, und das sind die Eigenschaften des Schöpfers, gepriesen sei Er. Denn wenn ein Mensch einen anderen Menschen wegen seines Intellekts, seiner Weisheit, seiner Ethik, seiner Bescheidenheit und der anderen guten Eigenschaften liebt, dann ist diese Liebe fest und wird sich niemals ändern, denn die Ursache, die diese Liebe hervorbringt, ändert sich nicht. Deshalb sage ich, dass dies die wahre und vollkommene Liebe ist, wenn ein Mensch seinen G-tt wegen seiner Macht liebt, weil er der Schöpfer aller Dinge ist und weil er barmherzig, gnädig und

Sefer HaYashar - Das Buch der Geradlinigkeit

Kapitel Fünf

geduldig ist und alle anderen guten Eigenschaften besitzt. Eine solche Liebe wird niemals weichen oder verschwinden, denn die Eigenschaften des Schöpfers, so gepriesen er auch sein mag, werden niemals verschwinden oder sich verändern. Von den drei Arten der Liebe, die wir genannt haben, wird keine Bestand haben außer dieser einen, die die wahre Säule der Liebe ist. Die beiden anderen werden nicht Bestand haben, denn sie haben nicht die wesentliche Eigenschaft eines jeden Liebenden und Geliebten.

Wisse, dass die Liebe aus zwei Teilen besteht, den Eigenschaften des Liebenden und den Eigenschaften des Geliebten. Je nach den Eigenschaften des Liebenden wird die Stärke seiner Liebe zu den guten Eigenschaften sein, die in demjenigen existieren, den er liebt. Ich werde nun die Eigenschaften des Liebenden erklären und sagen, dass es sich dabei um einen guten Intellekt und eine reine und geläuterte Seele handelt, und wenn diese Eigenschaften in dem Liebenden auch nur in geringem Maße vorhanden sind, wird er sich

Sefer HaYashar - Das Buch der Geradlinigkeit

Kapitel Fünf

dazu hingezogen fühlen, jeden zu lieben, der diese Eigenschaften besitzt, denn jede Art zieht sich zu ihrer Art zurück und hält sich von ihrem Gegenteil fern. Daher wird ein Mensch, der einen guten Intellekt und eine reine Seele besitzt, von der Liebe zu G-tt angezogen, denn im Schöpfer sind diese gerechten und guten Eigenschaften, die alles umfassen und wahr sind. Wenn sich ein Mensch zu Seiner Verehrung hingezogen fühlt, ist das ein Zeichen dafür, dass er selbst Eigenschaften des Schöpfers, gepriesen sei Er, besitzt. Deshalb wird er von Ihm angezogen, so wie der intellektuelle Mensch von der Gesellschaft der Intellektuellen angezogen wird. Der Weise wird von der Gesellschaft der Weisen angezogen. Der Narr wird von der Gesellschaft der Narren angezogen, der Jüngling von der Gesellschaft der Jungen, der Greis von der Gesellschaft der Alten, und jeder Mensch wird von der Gesellschaft seines Freundes angezogen, während die Vögel des Himmels von der Gesellschaft ihrer eigenen Art angezogen werden. Wenn du also einen

Sefer HaYashar - Das Buch der Geradlinigkeit

Kapitel Fünf

Menschen siehst, der sich davon trennt, G-tt zu dienen, dann wisse, dass er keine der Eigenschaften G-ttes in sich hat, sondern deren Gegenteil, und deshalb trennt er sich von den guten Eigenschaften. Denn gäbe es in ihm Intelligenz oder Heiligkeit oder Herzensgüte oder Gerechtigkeit, so wüssten wir, dass diese Eigenschaften die Attribute des Schöpfers, gepriesen sei Er, sind. Gäbe es in einem Menschen auch nur das kleinste Teilchen solcher Eigenschaften, so würde es sein Herz zu seinem G-tt ziehen, so wie die weise Seele den Körper eines Menschen nach oben zieht und ihn aufrecht hält, weil die Seele zur Quelle des Verstandes gezogen wird, von dem ein Teil im Menschen ist. So wie das Leben eines Tieres zur Erde gezogen wird, bis es sich nach unten beugt und in gebeugter Haltung geht, weil sein Leben aus der Erde kommt und zu seiner Quelle gezogen wird.

Daher wissen wir, dass der gute Intellekt, der im Menschen steckt, ihn dazu antreibt, nach einer Vermehrung seiner guten Eigenschaften zu streben. Die reine Seele, die wie ein Spiegel

Sefer HaYashar - Das Buch der Geradlinigkeit

Kapitel Fünf

ist, wird ihm offenbaren, was von den Geheimnissen G-ttes vor ihm verborgen ist. Denn wenn die Seele geschliffen und rein ist, kann der Mensch, indem er sie anschaut, den Schöpfer, gepriesen sei Er, und Seine Einheit und Seine Existenz und Seine anderen Kräfte wahrnehmen, die der Verstand begreifen kann, so wie der Mensch in einem Spiegel sieht, was ihm verborgen ist. Wenn aber die Seele nicht rein und sauber ist, kann sie die Geheimnisse, die sie umgeben, nicht sehen, weil der Körper dunkel ist, und derjenige, der zu sehen wünscht, kann nicht erfahren, was hinter ihm ist, wenn der Spiegel nicht rein und fein ist, so dass der Blick glatt darüber hinweggehen kann. Wenn aber die Seele rein ist, kann ein Blick des Verstandes leicht über sie hinweggehen, und er kann sehen, was hinter ihr ist, und es gibt nichts hinter der Seele außer dem Schöpfer, gepriesen sei Er.

Deshalb habe ich gesagt, dass, wenn ein Mensch zwei Eigenschaften besitzt - und das sind ein guter Verstand und eine reine Seele -,

Sefer HaYashar - Das Buch der Geradlinigkeit

Kapitel Fünf

in ihm eine vollkommene Liebe zum Schöpfer, gepriesen sei Er, geweckt werden wird.

Wenn es diese vollkommene Liebe zu G-tt gibt, möge er gepriesen werden, dann wird aus dieser Liebe Ehrfurcht erwachsen, denn wir sehen, dass, wenn ein Mensch einen anderen Menschen wegen guter Eigenschaften, die in ihm sind, liebt, diese Liebe zu einem Joch auf seinem Hals wird und ihn zwingt, den Willen des Geliebten zu suchen und zu erfüllen. Er wird keine Ruhe finden, wenn er sich nicht für den Geliebten anstrengt, und in einem solchen Fall ist die Anstrengung für seinen Gaumen süßer als Ruhe. Wenn der Liebende für den Geliebten etwas tut, was in dessen Augen gut ist, dann wird die Seele des Liebenden in seinen eigenen Augen wertvoller, weil er in der Lage ist, in den Augen seines Geliebten Gunst zu finden, indem er etwas tut, was in den Augen seines Geliebten gut ist. Wenn der Liebhaber zufällig eine absichtliche oder unabsichtliche Sünde begeht oder irgendetwas tut, was dem Geliebten nicht gefällt, dann wird der Liebhaber verwirrt und beschämt sein und

Sefer HaYashar - Das Buch der Geradlinigkeit
Kapitel Fünf

sich davonstehlen, wie ein ganzes Volk sich davonstehlen wird, wenn es beschämt ist. Das hängt mit der Macht der Liebe zusammen, die wie ein eisernes Joch auf ihm lastet, das den Liebenden dazu bringt, sich dem Geliebten zu beugen, wie die Schrift sagt (Hohelied 8,6): "Denn die Liebe ist stark wie der Tod." Da die Liebe den Liebenden dazu bringt, sich dem Geliebten zu unterwerfen und den Willen des Geliebten mit doppelter Bereitschaft zu tun, müssen wir erklären, warum die Liebe diese Kraft hat. Wir sagen, dass die Liebe des Liebenden zu seinem Geliebten durch die guten Eigenschaften des Geliebten zustande kommt. Die Seele des Geliebten muss auch einen Teil dieser guten Eigenschaften enthalten. Deshalb zieht das Wenige, das von diesen guten Eigenschaften im Geliebten enthalten ist, ihn außerordentlich an, so wie jede Art zu ihrer Art hingezogen wird. Das ist ein Zeichen einer großzügigen Seele, dass sie sich zu jeder ehrenwerten Sache hingezogen fühlt, und das ist die Liebe. Die Bereitschaft des Liebenden, sich dem Geliebten zu fügen,

Sefer HaYashar - Das Buch der Geradlinigkeit

<u>Kapitel Fünf</u>

um dessen Willen zu erfüllen, rührt daher, dass der Liebende die Überlegenheit des Geliebten über ihn anerkennt, so wie der Schüler die Überlegenheit seines Lehrers und der Diener die Überlegenheit seines Herrn anerkennt. Er unterwirft sich also dem Geliebten, indem er seine Überlegenheit ihm gegenüber anerkennt. Ähnlich verhält es sich mit der Furcht des Liebenden vor dem Geliebten: Der Diener fürchtet seinen Herrn, der Schüler seinen Lehrer, weil dieser ihm überlegen ist. Mehr noch, er hofft, von den Eigenschaften des Lehrers, von seiner Weisheit und seiner Unterweisung ständig zu lernen. Diese Eigenschaften treiben den Liebenden dazu, seine Geliebte zu fürchten. Wenn das so ist, dann ist geklärt, wie die Furcht aus der Liebe hervorgeht. Wenn wir sagen, dass eine solche Liebe und der Geliebte unter normalen Menschen zu finden sind, dann wissen wir, dass wir auf diese Weise die Liebe des Menschen zum Schöpfer beschreiben können. Wenn man sagen würde, dass man die Liebe der Geschaffenen nicht mit der Liebe des

Sefer HaYashar - Das Buch der Geradlinigkeit

Kapitel Fünf

Schöpfers, gepriesen sei Er, vergleichen kann, würde er antworten, dass, obwohl wir geschaffene Wesen sind, die Liebe, die der Mensch gewöhnlich für den Schöpfer zeigt - auch wenn es einen Unterschied zwischen dem Geliebten, der geschaffen ist, und dem Geliebten, der der Schöpfer ist -, dieselbe ist, denn es gibt keinen Unterschied zwischen der Macht des Geliebten G-ttes und der Macht des sterblichen Geliebten, der geschaffen ist, denn sie sind eins. Deshalb will der Schöpfer, gepriesen sei Er, nichts anderes von einem Menschen, als dass er Ihn mit all seiner Kraft liebt, und das wird in Seinen Augen genauso wichtig sein, wie wenn er Ihn gemäß der Liebe liebt, die Ihm gebührt. Nun ist es interessant zu bemerken, dass die Gerechtigkeit, die wir dem Schöpfer, gepriesen sei Er, zuschreiben, darin besteht, dass wir nichts zu Seiner Ehre tun können, außer dem, was in unserer Macht steht, um unseren Mitmenschen zu helfen, und der Schöpfer empfängt es, als ob wir Ihm die Liebe gegeben hätten, die Ihm würdig ist.

Sefer HaYashar - Das Buch der Geradlinigkeit

Kapitel Fünf

Nachdem wir nun erklärt haben, dass die Liebe die Ursache der Furcht ist und dass beides Säulen des Glaubens sind, wollen wir die Sache mit der Weisheit erklären, und wir sagen, dass die Weisheit im Liebenden vorhanden sein muss. Denn wenn der Liebende ohne Weisheit ist, wird er die Eigenschaften, die wir erwähnt haben, nicht erkennen, noch wird er in seinem Geliebten seinen Verstand, seine Weisheit und die anderen kostbaren Eigenschaften erkennen. Wenn er seine Eigenschaften nicht kennt, wird er nicht wissen, wie er ihn lieben soll, denn die Macht der Torheit, die das Wissen um die kostbaren Eigenschaften des Geliebten verdunkelt, wird die Liebe des Liebenden zunichte machen, wie wir gesagt haben. Denn die Liebe eines Narren ist keine Liebe, und wenn das so ist, können wir verstehen, dass die Liebe nicht vollkommen sein kann, wenn es ihr an Weisheit und Wissen mangelt. Je nachdem, was ihm an vollkommener Erkenntnis fehlt, fehlt ihm auch die Liebe zu seiner Geliebten, deren Eigenschaften kostbar und vollkommen

Sefer HaYashar - Das Buch der Geradlinigkeit

Kapitel Fünf

sind. Was die Liebe des Liebhabers zu einem Menschen betrifft, der nur wenige dieser kostbaren Eigenschaften hat, so mag ihm ein wenig Liebe und ein wenig Weisheit genügen, aber das kann man weder eine vollkommene oder perfekte Liebe nennen, noch einen perfekten Geliebten. Es geht uns nicht um die fehlenden Eigenschaften, sondern um das Vollkommene und Perfekte.

Da wir festgestellt haben, dass diese drei, Liebe, Furcht und Weisheit, voneinander abhängig sind, dass jedes ohne die anderen unvollständig ist und dass alle auf der Anbetung des Schöpfers in vollkommenem Glauben ohne Schmeichelei beruhen, müssen wir daher feststellen, dass der Glaube die Grundlage für die Anbetung des Schöpfers, gepriesen sei Er, ist, auch wenn Anbetung und Glaube aus den drei oben genannten Prinzipien hervorgehen. Ihr werdet die Anbetung nicht ohne den Glauben finden, und ihr werdet den Glauben nicht ohne die Anbetung finden. Jedes von ihnen ist untrennbar mit dem anderen verbunden.

Sefer HaYashar - Das Buch der Geradlinigkeit

<u>Kapitel Fünf</u>

Nun will ich euch ein großes Geheimnis in der Anbetung G-ttes offenbaren, möge Er gepriesen werden, und ich sage, dass sie drei Stufen hat: die unterste Stufe; dann die zweite, die höher ist als die erste; und dann die dritte, die höher ist als die zweite und die oberste. Die unterste Stufe ist das Studium, der Verstand, die Erfahrungen in der Welt und die Länge der Tage. Dies sind die vier Säulen, durch die der Mensch Vernunft erlangen kann, und dies ist die unterste Stufe. Und von dieser niedrigen Stufe kann der Mensch zur Stufe der Liebe, der Furcht und der Weisheit aufsteigen, die drei Säulen sind. Dies ist vergleichbar mit dem Fall eines Baumes. Je weiter die Äste vom Baum entfernt sind, desto üppiger wachsen sie, und je näher sie am Stamm sind, desto spärlicher wachsen sie. So verhält es sich mit allen geschaffenen Dingen. Je weiter sie vom Schöpfer, gepriesen sei Er, entfernt sind, desto mehr vermehren sich ihre Arten und Sorten, und je näher sie ihm sind, desto mehr nimmt ihre Zahl ab, bis sie eins erreicht. Die Säulen der untersten Stufe sind dann die vier

Sefer HaYashar - Das Buch der Geradlinigkeit

Kapitel Fünf

Wir kommen nun zur zweiten Stufe, auf der drei Säulen stehen (das sind die drei: Liebe, Furcht und Weisheit). Wenn ein Mensch sich mit diesen richtig verhält, wird er von ihnen zur dritten Stufe aufsteigen, die der Glaube und die Anbetung.

G-ttes ist, und das sind die beiden Säulen. Von diesen beiden wird der Mensch aufsteigen, bis er sich an die höchste Tugend klammert, die eine ist, und das ist die Sehnsucht, den Willen G-ttes zu erreichen, möge Er gepriesen werden, und sich an Ihn zu klammern. Schaut genau hin und seht, wie der Mensch beginnt, über viele Stufen zu weniger Stufen aufzusteigen, bis er die eine erreicht und dort steht, denn jenseits der einen, die der Gipfel der Intelligenz ist, gibt es nichts anderes.

Nachdem wir das Ziel erreicht haben, nämlich die Aufmerksamkeit des Anbeters, der liebt, können wir fragen: Welcher Nutzen ergibt sich nun aus all dem? Und wir antworten, dass der allumfassende Nutzen, der aus dem Dienst am Schöpfer, gepriesen sei Er, und Seiner Liebe erwächst, darin besteht, dass der Schöpfer den

Sefer HaYashar - Das Buch der Geradlinigkeit

Kapitel Fünf

Menschen liebt, der ihn anbetet, wie es heißt (Jesaja 43,4): "Denn du bist kostbar in Meinen Augen und ehrwürdig, und Ich habe dich geliebt." Und es steht geschrieben (Deuteronomium 7,13): "Und er wird dich lieben und segnen und mehren." Nun obliegt es uns, die Bedeutung der Liebe des Schöpfers, gepriesen sei Er, zum Menschen zu erforschen, wie sie zustande kommt und was sie ist. Wir sagen, dass es den Einfältigen und Toren nicht genügt, dass die Liebe G-ttes zu ihnen der einzige Lohn für ihre Verehrung ist, und dass sie darauf warten, dass Er Zeichen und Beweise gibt, damit sie große Güte und viel Freude erlangen. Wenn du ihnen sagst, dass ihnen nichts anderes gegeben wird als die Liebe G-ttes zu ihnen, wird ihnen das nicht genügen, und sie werden denken, dass Seine Liebe der Liebe der Menschen gleicht, die die Liebe zu einer Person nicht für ausreichend halten, es sei denn, dass mit dieser Liebe ein Vorteil oder eine Freude verbunden ist. Ich möchte euch klarer machen, dass es keinen größeren Nutzen gibt als die Liebe des

Sefer HaYashar - Das Buch der Geradlinigkeit

Kapitel Fünf

Schöpfers zum Menschen. Wenn G-tt ihn liebt, braucht er keine andere Belohnung. Er sollte nicht danach suchen und fragen, ob seine Seele nach seinem Tod weiterleben wird oder nicht. Denn in der Liebe des Schöpfers ist aller guter Lohn enthalten. Natürlich sollte er glauben, dass der Schöpfer, gepriesen sei Er, ihn liebt, wenn ein Mensch inmitten guter Taten stirbt und sich fromm verhalten hat. Da Er ihn liebt, gibt es keine größere Belohnung als diese. Und da er ihn liebt, besteht kein Zweifel, dass er ihn für alle seine Taten gut belohnen wird. Wir sollten nicht erforschen, wie dieser gute Lohn zustande kommen wird; aber wenn in einem Menschen eine große Lust oder Torheit vorhanden ist, wird all diese große Herrlichkeit nicht ausreichen. Sie werden zu erforschen suchen, ob ihre Seele nach der Trennung vom Körper weiterleben wird oder ob sie verloren geht, als ob sie die Wege der kommenden Welt kennen würden. Sie werden versuchen herauszufinden, auf welche Weise diejenigen, die sich um die kommende Welt verdient gemacht haben, ihren Lohn erhalten werden.

Sefer HaYashar - Das Buch der Geradlinigkeit

<u>Kapitel Fünf</u>

Es ist unmöglich, dies zu wissen. Nur wenn wir Engel wären, die unter den himmlischen Geschöpfen wandeln, würden wir den Weg der Belohnung der Seelen und die Art des Lebens in der kommenden Welt kennen. Aber für den Verstandesmenschen sollte eine allgemeine Regel genügen, um zu wissen, dass es für jede Tat eine Belohnung in der kommenden Welt gibt. Es gibt Strafe für die Bösen und es gibt Lohn für die Gerechten. Aber es ist nicht an uns, die Art und Weise der Bestrafung oder des Lohns zu erforschen und zu untersuchen, oder worin sie bestehen. Aber wenn ein Mensch darauf beharrt, zu erforschen, was nach dem Tod sein wird, kann er verstehen und glauben, dass es eine Belohnung nach dem Tod gibt, durch zwanzig Zeichen.

Die erste stammt von Henoch und Elia, die der Schöpfer, gepriesen sei Er, zu sich genommen hat, und wir wissen in Wahrheit, dass ein Körper ohne Nahrung nicht bestehen kann. Da diese Nahrung fehlte, wissen wir, dass ihre Körper schmolzen und sich in der Luft auflösten, ihre Seelen aber blieben, und sie

Sefer HaYashar - Das Buch der Geradlinigkeit

Kapitel Fünf

waren wie die Engel. So wissen wir, dass die Gerechten wie diese Seelen sind.

Der zweite stammt von Moses, unserem Lehrer, Friede sei mit ihm. Er war der Auserwählte unter den Schöpfungen des Schöpfers. Wir wissen, dass seine Vortrefflichkeit in seinem Leben geehrt wurde, und so war es auch in seinem Tod. Wir wissen, dass seine Seele anderen Seelen überlegen war und gewiss nicht unterging, und so wie er zu Lebzeiten zum Himmel aufstieg und der Schöpfer, gepriesen sei Er, ihm seine Geheimnisse zeigte, wie es heißt (Numeri 12,7): "Er ist in meinem Haus vertraut", so zwingt uns unsere Vernunft zu glauben, dass seine Seele bei seinem Tod nicht verloren ging. Denn wenn seine Seele verloren gegangen wäre, was hätte sie dann für einen Vorzug vor anderen gehabt? Da der Herr mit ihm sprach, wissen wir, dass die Kraft des Redens G-ttes mit ihm einen Vorteil in ihm zurückließ, nachdem sich seine Seele von seinem Körper getrennt hatte, einen Vorteil, aus dem der Unterschied zwischen ihr und den Seelen

Sefer HaYashar - Das Buch der Geradlinigkeit

Kapitel Fünf

anderer Geschöpfe, mit denen G-tt nicht sprach, abgeleitet werden konnte. Wenn das so ist, dann ist das ihr guter Lohn. So wie seine Seele bei seinem Tod in die Akademie in der Höhe aufstieg und nicht unterging, so werden sich die Seelen der Gerechten freuen, jeder nach seinem Dienst an G-tt und seiner Gerechtigkeit.

Drittens sehen wir, dass die Seele in die Ferne und in die Nähe und sogar bis zum Ende der Welt reicht, so wie sie das, was vor ihr und hinter ihr ist, wahrnimmt. Nachdem sie die fernen Dinge erfasst hat, sehen wir, dass sie über ihnen schwebt, und alle Dinge sind in ihr enthalten; aus diesem Grund erfasst die Seele sie. Wir sehen, daß die Seele des Weisen alle himmlischen Sphären und ihre weiten Räume und ihre Eigenschaften erfaßt. Nachdem sie sie erreicht hat, wissen wir, dass sie ihnen überlegen ist, und wenn sie ihnen überlegen ist, wissen wir, dass sie über ihnen wohnt, und deshalb kehrt sie zur Zeit des Todes an den Ort zurück, an dem sie umherwanderte, als sie noch im Körper war.

Sefer HaYashar - Das Buch der Geradlinigkeit

<u>Kapitel Fünf</u>

Viertens: Wir sehen die Tiere mit ihrem gekrümmten Körper und den Menschen mit seiner aufrechten Haltung. Daraus verstehen wir, dass die Seele des Tieres aus dem Staub ist, und deshalb wird sie zu ihrem Element hingezogen. Deshalb ist der Körper des Tieres zur Erde hin gekrümmt. Aber die Seele des Menschen wird nach oben gezogen, und deshalb strebt die Seele des Menschen danach, zu ihrer Quelle aufzusteigen, aber sie kann das nicht, weil sie an den Körper gebunden ist. Wenn das so ist, können wir sagen, dass sie in dem Moment, in dem sie aufsteigen und sich vom Körper trennen kann, zu den Höhen aufsteigt.

Der fünfte - Der Körper besteht aus vier Elementen: Feuer, Wasser, Luft und Erde. Diese umschließen einander und stehen zusammen, solange das Leben im Körper ist, aber wenn der Mensch stirbt, kehrt jeder Teil zu seinem eigenen Ursprung zurück: die Erde zur Erde, die Luft zur Luft, das Feuer zum Feuer und das Wasser zum Wasser, und die Seele zum Ort der Seelen. Denn die Seele ist

Sefer HaYashar - Das Buch der Geradlinigkeit

Kapitel Fünf

eine Emanation aus den höheren Kräften, denn der Schöpfer, gepriesen sei Er, hat sie aus vier Elementen zusammengesetzt, aus der Kraft Seiner Existenz, Seines Lebens, Seiner Weisheit und Seiner Einheit. Die Seele ist aus diesen vier Elementen zusammengesetzt. Wenn die Seele den Körper verlässt, dann geschieht mit ihr, was mit dem Körper geschieht. Seine vier Elemente kehren zurück, jedes an seinen Platz. Die Existenz zu ihrer Quelle, das Leben zu seiner Quelle, die Weisheit zu ihrer Quelle (und die Einheit zu ihrer Quelle). Die Quelle aller vier ist am höchsten Ort über den himmlischen Sphären, und deshalb kehrt die Seele dorthin zurück. Wir sagen nicht, dass die vier Elemente getrennt sind, wenn sie dorthin aufsteigen; aber der Ort ist eins, und die vier Elemente sind vereint, nicht getrennt, aber die Substanz, die ihr Gegenstand ist (d.h., Substrat) ist eins.

Der sechste - Der Körper ist wie ein Docht, den man mit einem Feuerstein anfacht, um ihn zu entzünden. Die Seele ist gebunden, wie die Flamme an den Docht gebunden ist. Wenn das

Sefer HaYashar - Das Buch der Geradlinigkeit

Kapitel Fünf

Licht der Flamme gelöscht wird, steigt das Feuer in die Höhe und fliegt zu seiner Quelle, während der Docht bei der Quelle bleibt, von der er genommen wurde. Wenn ihr fragen solltet, was die Seele war, bevor sie im Körper war, werden wir euch fragen, was die Flamme war, bevor sie sich am Docht spaltete. Die Antwort ist, dass die Flamme, die im Stein oder im Eisen ist, dort potentiell existiert und nicht herausgeht, um irgendeine Handlung zu tun, bis du sie zuerst mit deiner Hand entfacht hast. Dann geht die Flamme aus und heftet sich an den Docht. Der Docht ist wie der Körper. Das Öl ist wie die Nahrung. Wir wissen, dass die Flamme des Lichts, nachdem sie gelöscht wurde, zu ihrer Quelle, der feurigen Sphäre, zurückkehren wird. Denn das himmlische Feuerrad ist die Ursache, die dem Stein und dem Eisen Kraft gegeben hat, und deshalb kommt das Feuer aus diesen Gegenständen.

Die siebte - Die Welt wurde geschaffen, um G-tt anzubeten, gepriesen sei Er. Nun kann der Körper dem Schöpfer, gepriesen sei Er, nicht dienen, denn er hat nicht die Kraft zu

Sefer HaYashar - Das Buch der Geradlinigkeit

Kapitel Fünf

verstehen, zu wissen und zu erkennen. Wenn die Seele.

g-ttlichen Ursprungs ist, würde der Körper seinen Schöpfer nicht erkennen und ihn nicht kennen. So wie jemand, der seinen menschlichen König nie gesehen hat und nicht durch das Protokoll gelehrt wurde und nicht zu den Dienern gehört, die in der Nähe des Königs stehen; er würde sich nicht nach ihm sehnen noch sich nach seiner Gesellschaft sehnen oder ihn erkennen. Da die Seele die Größe des Schöpfers, gepriesen sei Er, versteht, wissen wir, dass sie eine Emanation des Himmels ist, und deshalb strebt sie danach, in die Höhe zurückzukehren.

Die achte - Die Seele des Propheten ist nicht würdig, die Vollkommenheit der Prophezeiung zu erlangen, bis sie rein und sehr erhaben wird und mit aller Kraft zu erhabenen Dingen hingezogen wird. Deshalb ist die Seele des Propheten dem Schöpfer nahe, gepriesen sei Er. Aufgrund der Vortrefflichkeit ihrer Gedanken gibt es keinen Vorhang, der die Seele und die Prophetie vom Schöpfer,

Sefer HaYashar - Das Buch der Geradlinigkeit

Kapitel Fünf

gepriesen sei Er, trennt; denn die Seele des Propheten ist so erhaben, dass sie sich, solange sie sich noch im Körper befindet, erheben und mit höheren Personen verbinden kann. Wir wissen, dass sie doppelt so hoch steigen kann, wenn sie sich vom Körper trennt, denn der Körper hält sie davon ab, sich mit ihrer ganzen Kraft zu erheben, so wie ein Vogel, dem die Flügel gestutzt wurden, nicht mit seiner ganzen Kraft fliegen kann, bis seine Federn nachwachsen. Die Kraft, die die Seele des Propheten mit dem Geist der Prophezeiung verbunden hat, verbindet sie auch dann noch, wenn sie sich vom Körper trennt, und der Aufstieg der Seele wird leichter. Ein ähnlicher Prozess findet bei den Seelen der Frommen und Weisen statt. Unsere Weisen seligen Andenkens sagten (Baba Batra 12a): Ein weiser Mensch ist sogar einem Propheten überlegen.

Die neunte - Dass jede Sphäre auf ihrem Mittelpunkt steht, der in der Tat die Säule des Kreises ist. Das Rad der Vernunft, das die ganze Welt und alle himmlischen Sphären

Sefer HaYashar - Das Buch der Geradlinigkeit

Kapitel Fünf

umkreist, wird mit dem Rad des Kreises verglichen. Sein Mittelpunkt ist die Welt, und der Mittelpunkt der Welt ist die Menschheit. Der Mittelpunkt der Menschen ist die Seele, die in ihnen ist, denn sie sind die Säule der Welt und auf ihnen steht die Welt. Denn um ihretwillen wurde sie erschaffen. Nun sehen wir, dass für jeden Punkt, der nicht verloren ist, auch sein Kreis nicht verloren ist; wenn der Punkt verloren ist, ist auch der Kreis verloren. Denn der Punkt ist sein Fundament und sein Hauptgrund für die Existenz. Der Punkt ist die Säule, und der Kreis ruht auf ihm. Da es unmöglich ist, dass das himmlische Rad der Vernunft verloren geht, wissen wir, dass der mittlere Punkt, die Seelen, nicht verloren gehen wird. Dies ist ein wahrer Beweis für die Unsterblichkeit der Seele.

Die zehnte: Wisse, dass der Schöpfer, gepriesen sei Er, existiert. Es ist unvorstellbar, dass all jene, die Ihm dienen und sich anstrengen, um Seinen Willen zu erkennen, umsonst gearbeitet haben, denn der Schöpfer, gepriesen sei Er, hatte bei der Erschaffung

Sefer HaYashar - Das Buch der Geradlinigkeit

Kapitel Fünf

Seiner Welt keine andere Absicht, als dass sie Ihn verehren sollte. Wenn sie in dieser Welt keinen Lohn haben, ist es unmöglich, dass sie nach dem Tod keinen Lohn haben. Wenn sie keine Belohnung nach dem Tod haben, dann muss es etwas geben, das ihre Belohnung zurückhält. Wir wissen, dass nichts den Willen des Schöpfers, gepriesen sei Er, aufhalten kann, denn Er hat diese Welt nur geschaffen, damit Er angebetet wird. Da diese Personen, die ihm dienten, keine Art von Belohnung oder Vergnügen hatten, wissen wir und glauben, dass ihre Belohnung nach dem Tod kommen muss.

Die elfte: "Darum wähle das Leben, damit du lebst, du und deine Nachkommen" (Deuteronomium 30,19). Und es heißt (Ibid., 5:30): "Auf dass ihr lebt." Und es heißt (ebd., 8:1): "Wir wollen leben und uns vermehren." Und es heißt (ebd., 5:16): "Auf dass deine Tage lang seien." Wir sehen, dass die Bösen wie die Gerechten zu leben scheinen, und in vielen Fällen erfreuen sie sich an den Gütern der Welt. Das Leben, von dem die Heilige

Sefer HaYashar - Das Buch der Geradlinigkeit

Kapitel Fünf

Schrift spricht, muss also das Leben nach dem Tod sein.

Zwölftens: Wir erfahren, dass viele Gemeinschaften gemartert und verbrannt wurden, dass ihre Existenz zusammen mit ihrem Reichtum ausgelöscht wurde, obwohl sie die Einheit G-ttes verkündeten. Wir sehen, dass, wenn ein Mensch aus Liebe zu seinem König aus Fleisch und Blut seine Seele betrübt und sich selbst bis zum Tod in Gefahr bringt, der menschliche König ihn reichlich belohnen wird. Umso mehr gilt dies für den Schöpfer, gepriesen sei Er. Zu behaupten, er würde ihm keinen guten Lohn geben, wäre eine unmögliche Lüge.

Die dreizehnte - Weisheit und Wissen können nicht zerstört werden, sondern sie existieren für immer. Sollten sie für den menschlichen Wissenden verloren gehen, so sind sie für den wissenden Schöpfer, gepriesen sei Er, nicht verloren. Das Wissen ist eine hohe und dauerhafte Macht. Der Verfall kann es nicht überwältigen, denn es ist wie eine Kugel, die alles bewegt, und der Verfall kann es nicht

Sefer HaYashar - Das Buch der Geradlinigkeit

Kapitel Fünf

überwältigen und berühren. Da es nicht verloren gehen kann, können wir sagen, dass alles, was bewacht wird, während der Zeit, in der es bewacht wird, nicht verloren gehen kann. Die Seele bewahrt sich selbst mit Wissen, denn sie kennt ihr eigenes Selbst und schließt es ein. Daher wird sie nicht verloren gehen, denn sie weiß und wird gewusst und ist in der Tat Wissen. So wie die Vernunft, der vernünftige Mensch und das, was erdacht wird, eine einzige Kraft sind. Da erklärt wurde, dass die Seele Wissen ist, wird sie nicht verloren gehen, denn das Wissen wird nicht verloren gehen.

Der vierzehnte - Die Engel sind Kräfte, und sie haben keinen Körper und keine Form, aber sie können es für angebracht halten, sich mit dem Mantel einer Form zu bekleiden. Einer von ihnen kann in der Gestalt eines Löwen erscheinen, ein anderer in der Gestalt eines himmlischen Wesens oder eines himmlischen Rades, und einige von ihnen können in der Gestalt eines Menschen erscheinen, und diese Gestalt ist in ihren Augen am kostbarsten.

Sefer HaYashar - Das Buch der Geradlinigkeit

Kapitel Fünf

Denn das ist die Gestalt, in der der Engel der Herrlichkeit erscheint, wie es heißt (Hesekiel 1,26): "Und auf dem Gleichnis des Thrones war ein Gleichnis wie das eines Menschen." Und deshalb heißt es (1. Mose 1,26): "Lasset uns den Menschen machen nach unserem Bilde, nach unserem Gleichnis", d.h. in einer Gestalt, die von uns geehrt und von den Engeln bevorzugt wird, wenn sie vor den Menschenkindern erscheinen. Daraus lernen wir, daß die Form des Menschen die höchste ist, denn sie ist die Form der Erkenntnis und der Weisheit, und deshalb hat jede Seele, deren Form die Form des Menschen ist, die Kraft in sich, die sie zur Vollkommenheit der Engel hinzieht, wenn nicht irgendeine hemmende Kraft sie wegen einer bösen Tat zurückhält.

In der fünfzehnten Schrift heißt es (1. Mose 2,7): "Da formte G-tt der Herr den Menschen aus dem Staub der Erde." Hier ist die Rede von der Erschaffung des Körpers aus dem Staub, aber nicht von der Erschaffung der Seele dieses geschaffenen Wesens. Aber es heißt (ebd.) "Und er blies in seine Nase den Odem

Sefer HaYashar - Das Buch der Geradlinigkeit

Kapitel Fünf

des Lebens." Und wir können aus diesen Worten "und er hauchte" verstehen, dass er ihn von sich selbst genommen und nicht erschaffen hat, sondern dass er einen Teil seiner Herrlichkeit ausströmen ließ und ihn dem Menschen gab, so wie er einen Teil des Geistes ausströmen ließ, der auf Mose, unserem Lehrer, Friede sei mit ihm, war, und ihn den siebzig Ältesten gab. So wissen wir, dass die Seele vom Himmel kommt und der Körper von der Erde. Die Seele wird zum Himmel aufsteigen, wenn sie rein ist. So sagte König Salomo, Friede sei mit ihm, (Prediger 12,7): "Und der Geist kehrt zu G-tt zurück, der ihn gegeben hat." Und das Wort "kehrt zurück" bedeutet, dass er zu dem Ort zurückkehrt, von dem er gekommen ist und wo er vorher war, so wie der Staub zu der Quelle zurückkehrt, von der er gekommen ist.

Die sechzehnte - Die Kraft des Wissens kommt von der Vernunft, und aus beiden kommt die Rede, und die Kraft des Sprechers ist g-ttlich. Wenn die Seele vom Körper getrennt ist, dann kann die Seele mit der Kraft der Rede, die in

Sefer HaYashar - Das Buch der Geradlinigkeit

Kapitel Fünf

ihr ist, die höchste Stufe der Vollkommenheit erreichen.

Der siebzehnte - Die Seelen sind von drei Arten. Die höchsten sind die Seelen der Engel, die niedrigsten sind die Seelen der Tiere, und die in der Mitte sind die Seelen der Menschenkinder. Es ist bekannt, dass, wenn sich zwei Gegensätze verbinden, eine dritte Kraft aus dieser Vereinigung hervorgeht, die keinem der beiden Extreme gleicht, sondern aus ihnen gebildet wird. Wenn man zum Beispiel ein Maß Honig mit einem Maß Wermut mischt, entsteht ein dritter Geschmack, der weder bitter noch süß ist. Wenn man der Mischung etwas Bitteres hinzufügt, neigt sie sich dem Geschmack des Wermuts zu, und wenn man der Mischung etwas Süßes hinzufügt, neigt sie sich dem Geschmack des Honigs zu. So ist es mit allem, was in der Mitte liegt. Wenn einer der beiden Gegensätze stärker wird, neigt sich das, was in der Mitte liegt, ihm zu. Der Mensch besteht aus zwei Gegensätzen, einer Seele, die erhaben ist, und einem Körper, der tierisch ist. Aus ihrer

Sefer HaYashar - Das Buch der Geradlinigkeit

Kapitel Fünf

Verbindung entsteht eine dritte Kraft, und wenn die Kräfte des Körpers stärker sind, dann neigt sich der Mensch nach unten, wenn aber die Kräfte der Seele stärker werden, neigt er sich nach oben. Das ist der Beweis für die Unsterblichkeit der frommen Seele, wenn sie sich nach oben erhebt. Obwohl die Seele des Menschen eine mittlere ist, zwischen den Seelen der Engel und den Seelen der Tiere, wenn er sich wie ein Tier verhält, wird seine Seele wie die Seele der Tiere sein, und ihr Lohn wird wie ihr Lohn sein. Wenn er die Taten der Engel tut, wird seine Seele wie ihre Seele sein. Da wir wissen, dass die Engel unsterblich sind, wird auch eine Seele, die ihnen gleich ist, nicht sterben. Und davon sagte König David, Friede sei mit ihm, (Psalmen 49,13): "Er ist wie die Tiere, die vergehen." Danach fügte er hinzu, dass seine Seele nicht sterben würde, als er sagte (ebd., 49:16): "Aber G-tt wird meine Seele erlösen von der Macht der Unterwelt." Damit meint er nicht den Tod seines Körpers, denn er sagt weiter: "Er wird mich aufnehmen, selah". Was er aber sagen

Sefer HaYashar - Das Buch der Geradlinigkeit

Kapitel Fünf

will, ist Folgendes: Wenn G-tt mich aus dieser Welt herausnimmt, wird er meine Seele vom Tod erlösen, und sie wird nicht sterben wie die Seele der Gottlosen.

Das Achtzehnte - Wir sehen, dass die Seele ein Wissen hat, mit dem sie alles in der Welt lernen kann, und dass sie ein anderes Wissen hat, das diesem überlegen ist. Mit diesem Wissen kennt sie sich selbst, und sie kennt die Qualität und den Umfang ihres eigenen Wissens, und dies ist das Wissen des Wissens, und mit diesem Wissen ist sie dem Schöpfer nahe, gepriesen sei Er. Denn der Mensch ist bei seiner Geburt wie ein Tier, aber wenn er Wissen erwirbt, wird er dem Tier überlegen, und wenn er sich im Wissen und in der Weisheit auszeichnet, legt er einen großen Abstand zwischen sich und das Tier, und seine Seele steigt höher und höher. Denn seine Seele denkt über hohe Gedanken nach, und deshalb ist sie am höchsten. Wenn die Seele sich damit beschäftigt, über Dinge nachzudenken, die den Schöpfer, gesegnet sei Er, betreffen, steigert sie die Vollkommenheit. Wenn die Seele sich

Sefer HaYashar - Das Buch der Geradlinigkeit

Kapitel Fünf

selbst kennt, dann wird sie ihren Aufstieg verdoppeln und wieder verdoppeln. Denn wenn eine Seele sich selbst kennt, kennt sie alle Dinge, die man wissen kann, denn alle Dinge, die man wissen kann, sind in der Seele enthalten. Wenn die Seele also aufsteigt, kommt sie G-tt sehr nahe und entfernt sich weit vom Tod. Denn der Tod herrscht nur über die Körper, die ihm sehr nahe sind, aber über die fernen Mächte hat er keine Herrschaft. Außerdem kann die Seele des Menschen den Schöpfer erkennen und ihn mit ihrer Vernunft und Weisheit erkennen. Wenn die Seele G-tt so nahe kommen kann, während sie sich noch im Körper befindet, dann wissen wir sicher, dass sie sich ihm auch nach dem Verlassen des Körpers nähern wird. Das ist zweifelsohne wahr.

Das neunzehnte Wissen, dass die Aktivitäten eines Menschen in zwei Teile geteilt sind. Der eine Teil ist der tierische Teil des Menschen, und das ist Essen, Trinken, Zusammenleben und Bewegung. Der engelhafte Teil des Menschen ist die Vernunft, die Weisheit, die

Sefer HaYashar - Das Buch der Geradlinigkeit

Kapitel Fünf

Rechtschaffenheit und die Rede. Wenn das so ist, dann sehen wir, dass dieser letzte Teil in den Bereich der Seele fällt, und wenn du unter den Engeln sein willst, kannst du das. Aber wenn du dich zu tierischen Taten hingezogen fühlst, wirst du wie sie sein. Wenn das so ist, dann wissen wir, dass die fromme Seele nicht stirbt.

Kapitel Sechs

Sefer HaYashar

Das Buch der Geradlinigkeit
von Rabbeinu Tam

Kapitel Sechs

Eine Erklärung der Dinge, die bei der Anbetung G-ttes helfen, möge er gepriesen werden, und der verborgenen Dinger

Wisse, dass jeder, der sich mit der Anbetung G-ttes beschäftigt, möge Er gepriesen werden, wissen muss, dass die Anbetung G-ttes wie eine Heilung ist. Dass die Kräfte der Sünden, die in den Seelen sind, wie Krankheiten im Körper sind, und dass die Korrektur der bösen Taten wie die Heilung ist, die die Zusammensetzung des Körpers korrigiert und die schlechten Körpersäfte beseitigt, bis der Körper gesund ist. Und die Heilung kommt von zwei Dingen: von der Zusammenstellung eines heilenden Medikaments aus nützlichen Dingen und von der Zurückhaltung von

Sefer HaYashar - Das Buch der Geradlinigkeit

<u>Kapitel Sechs</u>

Dingen, die seine Krankheit verschlimmern würden. Die Korrektur der bösen Taten besteht also darin, das Böse zu beseitigen und das Gute zu tun. Deshalb werden wir uns jetzt die Dinge ins Gedächtnis rufen, die der Anbetung G-ttes dienen, und die Dinge aufzählen, die die Anbetung G-ttes behindern, und überlegen, wie jedes Übel korrigiert werden kann.

Wisse, dass es in der Anbetung des Schöpfers, gepriesen sei Er, viele Dinge gibt, die diese Anbetung zunichte machen, und das sind Begierde, Zorn, Schmeichelei, Unverschämtheit, Faulheit, die Geschehnisse in der Welt, die Gesellschaft böser Menschen, ein fehlerhafter Glaube, der Spott der Spötter, schlechte Weisheiten, Eifersucht, Torheit und Ungeduld mit der Anbetung, weil der Mensch keinen Lohn darin sieht, und Gier, und wenn der Mensch nicht an den Tag des Gerichts glaubt. Und nun werde ich jeden einzelnen dieser Punkte erklären.

Die Lust ist der Gipfel und die Wurzel aller bösen Taten. Wenn ein Mensch seiner Begierde erlaubt, zu tun, was sie will, wird

Sefer HaYashar - Das Buch der Geradlinigkeit

Kapitel Sechs

keine einzige schlechte Tat ungesühnt bleiben. Die Begierde findet sich in neun Dingen: im Essen, im Trinken, in den Frauen, im Reichtum, in der politischen Macht, in den Geschäften, in der Kleidung, in den Wagen, in den Vergnügungen des Körpers und in ähnlichen Dingen. Deshalb soll der Mensch die Begierde besiegen und unterwerfen und diese Krankheit heilen. Nun kann keine Krankheit geheilt werden, außer durch eine Heilung, die ihr Gegenteil ist. So wie ein Mensch, der brennendes Fieber hat, sich mit kalten Medikamenten heilen kann, während er, wenn er eine kalte Krankheit hat, sich mit warmen Medikamenten heilen kann. Aber bei diesen Heilungen ist es notwendig, sich vor allem zu hüten, was seine Krankheit verschlimmern könnte. Wir müssen also wissen, was die Begierde ist, die Natur ihrer Macht und alles, was mit ihr zusammenhängt, und wir müssen für sie ein Mittel schaffen, das ihr entgegengesetzt ist. Die Macht der Begierde entspringt aus jedem der neun Dinge, die wir erwähnt haben. Und wir sagen, dass das

Sefer HaYashar - Das Buch der Geradlinigkeit

Kapitel Sechs

Gegenteil der Begierde nach Essen und Trinken darin besteht, viele Fastenzeiten einzuhalten und die Menge an Speisen und Getränken, die man zu sich nimmt, zu reduzieren. Das Gegenteil der Begierde nach Frauen ist die Gesellschaft von rechtschaffenen Männern und Weisen. Das Gegenteil der Begierde nach Reichtum ist, die Gesellschaft der Armen und Unterdrückten zu suchen. Das Gegenteil der Begierde nach politischer Macht ist, die Gesellschaft der Niedrigen und Niedergeschlagenen zu suchen. Das Gegenteil der Begierde nach vielen Unternehmungen ist, an den Tod zu denken, der allen Beschäftigungen und Taten ein Ende setzt. Das Gegenteil von der Lust an schönen Kleidern ist Sack und Asche. Anstelle der Begierde nach einem schönen Wagen sollte ein Mann immer zu Fuß gehen und sein Herz demütigen. Das Gegenteil der Begierde nach Luxus ist, alle luxuriösen Dinge in die Ferne zu rücken. Und jeder, der sich von der Krankheit der Lust heilen will, soll seine Seele daran gewöhnen, diese Dinge zu tun. Und

Sefer HaYashar - Das Buch der Geradlinigkeit

Kapitel Sechs

wenn seine Begierde stärker wird, dann soll er in seinem Herzen bedenken, dass er in seinem Tod alles verlassen wird, und es ist besser für ihn, es mit dem Willen seiner eigenen Seele zu verlassen, um den Willen G-ttes zu erlangen, möge Er gepriesen werden, als es unter Zwang zu verlassen und den Zorn G-ttes zu finden, möge Er gepriesen werden. Wenn er anfängt, sich mit diesen Dingen und Kuren zu beschäftigen, und er sieht, dass die Begierde zu mächtig für ihn ist, dann soll er seine Seele daran gewöhnen, jedes ein wenig zu bekämpfen. Er soll jeden Tag und jede Woche dazukommen. Wenn er ungeduldig wird, soll er nicht verzweifeln, sondern er soll wissen, dass er, nachdem er einige Zeit in seinem bösen Zustand ausgeharrt hat, schließlich erkennen wird, was er Böses getan hat; dass er seinen G-tt erzürnt hat, indem er eine Sache begonnen hat, die er nicht zu Ende geführt hat, und deshalb wird er, wenn er dies alles in seinem Herzen bedenkt, schnell umkehren und sein Böses bereuen.

Sefer HaYashar - Das Buch der Geradlinigkeit

Kapitel Sechs

Wenn er seine Seele an diese Disziplinen gewöhnen will, so soll er sie anfangs nicht zu schwer belasten, sondern das Joch der Gebote nach und nach auf seine Seele legen, um es zu tragen und nicht zu verwelken. Was dieses Wenige betrifft, an das er sich klammert, so soll er schwören, dass er den Kampf gegen seine Begierde nicht aufgibt und sich wenigstens eine halbe Stunde lang von ihr fernhält. Wenn er weiß, dass er in seinem Kampf fleißig ist und sich an seinen Schwur hält, ist es möglich, dass er die Zeit und die Kraft seiner Enthaltsamkeit verlängern kann. Wenn ein Mensch Dinge tun möchte, die ihm bei der Verehrung des Schöpfers, gepriesen sei Er, helfen, dann sollte er an den Tag des Todes, das Gericht seines G-ttes und seine Strafe denken. Er soll an das Leben in der kommenden Welt und an die Ruhe der Gerechten denken und an die Annehmlichkeit seines Lohns bei ihnen, wenn er das Gesetz seines G-ttes bewahrt.

Und er sollte die Gottlosen beneiden, die wirklich reuig sind, wenn er sieht, dass sie,

Sefer HaYashar - Das Buch der Geradlinigkeit

Kapitel Sechs

obwohl er einen höheren Intellekt als sie alle hat, einen hohen Grad an Vollkommenheit verdienen, während er ihn nicht hat. Er sollte daran denken, dass, wenn eine Zeit der Schwierigkeiten und Nöte über ihn kommt, sein unbeschnittenes Herz gedemütigt wird und er unter Zwang zu seinem G-tt zurückkehren wird. Deshalb ist es besser für ihn, umzukehren, solange er sich noch in angenehmen Verhältnissen befindet. Und er soll nicht wie der törichte Gottlose sein, denn er sollte den Unterschied zwischen einem törichten Gottlosen und einem intelligenten Gottlosen kennen. Der törichte Bösewicht tut nur dann Buße, wenn es ihm schlecht geht, aber der intelligente Bösewicht bereitet einige gute Taten vor, bevor das Böse über ihn kommt. Er weiß, dass jede gute Tat für ihn eine Zuflucht und eine Hilfe in Zeiten der Not sein wird. Wenn ich das Wort "intelligent" verwende, meine ich nicht die Weisen und diejenigen, die jede böse Weisheit und alle bösen Beschäftigungen und etablierten Bräuche verstehen. Wenn ich dieses Wort

Sefer HaYashar - Das Buch der Geradlinigkeit
Kapitel Sechs

verwende, meine ich nur einen, der die Dinge sieht, die in der Zukunft liegen, und sie erkennt, bevor sie kommen, einen, der weiß, dass das Ende der Welt kommen wird, und der an ihr letztes Ende denkt.

Die zweite Eigenschaft, die der wahren Anbetung G-ttes im Wege steht, ist der Zorn. Er ist eine der bösen Eigenschaften, die die Anbetung G-ttes zerstören können. Denn die Anbetung G-ttes kann nicht im Herzen eines Menschen wohnen, der zornig ist. Wenn er zornig ist, achtet er nicht auf das, was er tut, sondern er schwört viele Eide, entweiht den Namen des Himmels, tötet seinen Freund und verletzt seinen Gefährten. Es ist möglich, dass er in seinem Zorn Götzen anbetet oder Selbstmord begeht. Deshalb sollte ein Mensch nicht auf seine Anbetung G-ttes vertrauen, wenn er seinen Zorn nicht zügeln kann. Die Heilung des Zorns ist dies: Wir sollten die Kräfte kennen, die den Zorn schüren, und wir sollten sie umkehren. Und wir sagen, dass die Ursachen des Zorns zu wenig Reflexion sind, die Torheit desjenigen, der zornig ist, der

Sefer HaYashar - Das Buch der Geradlinigkeit

Kapitel Sechs

Mangel an Gesellschaft der Weisen und Klugen, die ihn lehren könnten, seinen Zorn zu zügeln, und die Gesellschaft von Narren und bösen Menschen. Er erkennt nicht, was für eine hässliche Eigenschaft der Zorn ist. Er erkennt auch nicht, wie viele gute Eigenschaften in der Nachsicht und Geduld stecken. Denn wer geduldig ist, wird es nie bereuen, noch braucht er etwas zu tun, wofür ihn jeder, der davon hört, tadeln und beschämen wird, sondern alle seine Taten sollen in Stille und Sanftmut geschehen, so wie es heißt (Sprüche 16,32): "Wer langsam zum Zorn ist, ist besser als die Mächtigen, und wer seinen Geist beherrscht, ist besser als der, der eine Stadt einnimmt.

Wisse, dass die frommen Weisen gleich zu Beginn der Bedingungen ihrer Verehrung ihrer Seele diese Bedingung auferlegten: ihren Zorn zu zügeln und nicht zornig oder hasserfüllt zu sein, sondern dass ihr Geist weit genug sei, die Taten der Menschen anzunehmen, ob sie gut oder schlecht sind. Wenn ein schlechter Mensch sie verletzen würde, sollte ihre Seele

Sefer HaYashar - Das Buch der Geradlinigkeit

Kapitel Sechs

zu kostbar sein, um ihre Ehre zu entweihen, indem sie sich mit ihm in einen Streit einlassen und es ihm nach seinem Verdienst vergelten. Wenn ein geehrter Mensch sie verletzen würde, würden sie seine Worte geduldig ertragen und sich zurückhalten. Wenn also ein wahrer Diener G-ttes den Zorn aus seinem Herzen entfernen will, muss er seine Seele daran gewöhnen, die Härte seines Herzens zu zügeln, und er sollte schwören, nicht zornig zu sein, und er sollte zwischen seine Augen das Symbol seiner edleren Eigenschaft und die Erinnerung daran legen, dass er selbst nur Staub und Asche ist. Dann wird sein Herz demütig sein. Sollte ihn jemand verletzen, wird er einen Streit mit ihm durch eine sanfte Antwort vermeiden, oder er wird Schweigen zum Zaumzeug für seinen Mund machen und bedenken, dass ein Mensch nicht intelligent genannt werden kann, wenn er seinen Geist nicht beherrschen kann. Wenn er seine Seele in einen aufrichtigen Bund und Schwur bringt, dass er für eine bestimmte Anzahl von Tagen nicht zornig sein wird, wird es für ihn wie eine

Sefer HaYashar - Das Buch der Geradlinigkeit

Kapitel Sechs

Heilung sein, bitter wie Wermut, von der er weiß, dass sie ihn von einer schweren und furchtbaren Krankheit zurückhält. Deshalb soll er schwören, immer von diesem bitteren Mittel zu essen. Wenn er dies nur zwei Monate lang tut, wird er alle möglichen Anlässe für Ärger sehen, die an ihm vorbeigegangen sind, doch er ertrug sie alle mit einer angenehmen Miene, und er wird in sich selbst erkennen, dass er stark und intelligent sein wird.

Die dritte Eigenschaft ist die Schmeichelei. Das ist eine der schlechten Eigenschaften, die den Wert der Anbetung G-ttes, so gepriesen er auch sein mag, unfähig macht, von Dauer zu sein. Denn jeder Schmeichler steigert seine Anbetung, wenn sie vor den Augen des Volkes stattfindet; wenn er aber allein ist, verändert er die Anbetung oder lenkt sie ab, als ob seine Anbetung für die Menschen und nicht für den Schöpfer wäre. Ein solcher Mensch kann Polytheist genannt werden, denn er verbindet in seiner Anbetung die Anbetung der Menschen und des Schöpfers und macht die Anbetung für beide gleich. Deshalb hat uns die

Sefer HaYashar - Das Buch der Geradlinigkeit

Kapitel Sechs

Heilige Schrift geboten und gewarnt (Deuteronomium 1,16): "Ihr sollt euch vor dem Angesicht eines Menschen nicht fürchten." Die Heilung dieser Eigenschaft besteht darin, in seinem Herzen zu denken, dass jede Anstrengung in dieser Richtung vergeblich sein wird, und dass er keinen Lohn für seine Anstrengung haben wird, außer dem Zorn des Schöpfers. Denn der Schöpfer wird erkennen, dass sein Dienst nur zur Schau dient, d.h. um seine Frömmigkeit vor den Menschen zu zeigen, und der Schöpfer hat keinen Anteil an dieser Art von Dienst, und deshalb ist sein Gebet eine Sünde. Außerdem ist jeder Schmeichler ein Narr, weil er sich erlaubt zu denken, dass er G-tt genauso täuschen kann, wie er die Menschen täuschen kann, und das ist natürlich eine völlige Torheit. Deshalb sollte er wissen, dass es für ihn besser ist, seine Schlechtigkeit öffentlich zu offenbaren, als sie vor den Menschen zu verbergen, um sie zu täuschen, damit sie ihn fromm nennen. Wenn diese Eigenschaft bei einem Diener G-ttes gefunden wird, ist es notwendig, seine Seele an

Sefer HaYashar - Das Buch der Geradlinigkeit
Kapitel Sechs

das Gegenteil zu gewöhnen. Das heißt, er soll seiner Seele ein Gelübde auferlegen, seiner Anbetung vor den Augen der Menschen nichts hinzuzufügen, außer dem, von dem er weiß, dass er es bei seiner Anbetung nicht weglassen wird, wenn er privat betet. Wenn er in der Lage ist, diese Eigenschaft zu korrigieren, dann wird er wissen, dass er den Willen G-ttes erreicht hat.

Die vierte Eigenschaft ist die Unverfrorenheit. Wisse, dass die Eigenschaft der Unverschämtheit den größten Teil der Anbetung G-ttes zunichte macht, so wie der Prophet Jeremia sagte (6,15): "Sie schämen sich nicht und wissen nicht, wie sie sich schämen sollen." Wer sich seiner Taten vor ihm nicht schämen kann, dem wird die Anbetung G-ttes nicht anhaften, wie die Schrift sagt (1. Samuel 2,26): "Und er gewann an Gunst sowohl beim Herrn als auch bei den Menschen." Jeder, der vor dem Schöpfer bescheiden ist, wird auch vor allen Menschen bescheiden sein. Wenn das so ist, dann können wir sagen, dass jeder, der vor den Menschen

Sefer HaYashar - Das Buch der Geradlinigkeit

Kapitel Sechs

unverschämt ist, auch vor dem Schöpfer unverschämt sein wird. Deshalb muss jeder Mensch seine Neigung, diese Eigenschaft zu hegen, unterdrücken und sich an das Böse erinnern, das in ihr steckt. Er soll neidisch sein auf die wahrhaft Bescheidenen, wenn er sie sieht oder wenn er ihr Lob auf der Zunge eines jeden Menschen hört. Und wenn er diese Eigenschaft beseitigen will, dann soll er sich daran gewöhnen, seine Seele zu demütigen und sich vor allen Menschenkindern zu schämen, und er soll mit gebeugter Gestalt und mit zu Boden gerichteten Augen wandeln, und er soll sich daran erinnern, dass die Unverschämtheit seinen ganzen Dienst für G-tt zerstören wird.

Die fünfte Eigenschaft ist die Faulheit. Dies ist eine schlechte Eigenschaft, die die Anbetung G-ttes zunichte macht. Denn der faule Mensch erfüllt keine seiner Aufgaben, und deshalb ist die Anbetung eines faulen Menschen nicht vollständig, denn er ist zu faul, um alle Bedingungen des Dienstes an G-tt zu erfüllen. Und wisse, daß die Faulheit aus der Torheit

Sefer HaYashar - Das Buch der Geradlinigkeit

Kapitel Sechs

und aus der Willensschwäche und aus der Unwissenheit kommt, weil der Mensch nicht weiß, welchen Nutzen er aus der Anbetung G-ttes, möge Er gepriesen werden, ziehen wird. Die Trägheit kann ihn befallen, weil er nicht neidisch ist auf die Wachsamen, die sich mit der Anbetung G-ttes beschäftigen. Deshalb sollte sich jeder intelligente Mensch vor dieser Eigenschaft hüten und nach Wegen suchen, sie aus seinem Wesen zu entfernen. Und er soll seine Gefährten beneiden, die sich Tag und Nacht im Dienste G-ttes, möge Er gepriesen werden, anstrengen. Denn niemand, der in seinem G-ttesdienst nicht wachsam ist, wird daraus Nutzen ziehen. Wer in seinem Werk nachlässig ist, wird es zerstören, wie es heißt (Sprüche 18:9): "Auch wer in seinem Werk nachlässig ist, ist ein Bruder des Zerstörers.

Die sechste Qualität besteht aus den Ereignissen und den Schwierigkeiten, die auf die Menschen zukommen, zum Beispiel neue Ereignisse, böse oder gute. Wenn jemand in Bedrängnis ist oder eine hohe Position erreicht hat oder viel Reichtum erlangt hat oder in

Sefer HaYashar - Das Buch der Geradlinigkeit

Kapitel Sechs

Gefangenschaft geraten ist oder sein Geld verloren hat oder krank ist oder ein Mitglied seiner Familie krank ist oder aus seinem Land vertrieben wird oder im Kerker eingesperrt ist oder einer seiner lieben Freunde stirbt, all diese neuen Umstände und viele ähnliche beunruhigen die Herzen der Menschen und bringen sie von der Anbetung G-ttes ab und lassen sie sie vergessen und aus ihrem Herzen entfernen. In einer solchen Zeit wird die Vernunft des vernünftigen Menschen geprüft. Ist sie stark oder ist sie schwach? Denn wenn sie stark ist und sein Glaube Bestand hat, wird ihn keiner dieser neuen Umstände dazu bringen, in seinem Dienst an G-tt mangelhaft zu sein. So wie mächtige Winde einen großen Berg nicht entwurzeln und von seinem Platz bewegen können, so können alle diese Ereignisse eine starke Vernunft und einen wohlbegründeten Glauben nicht beseitigen. Ein Mensch sollte in einer solchen Zeit vorsichtig sein und wissen, dass er unter dieser Bedingung einen Bund mit seinem G-tt geschlossen hat. Und da er mit seiner Seele

Sefer HaYashar - Das Buch der Geradlinigkeit

Kapitel Sechs

einen Bund geschlossen hat, um Ihm zu dienen, muss er sein Gelübde vollenden und sein Versprechen erfüllen, und er muss ein starkes und mutiges Herz vorbereiten, um diese Ereignisse anzunehmen, und er muss über solche Ereignisse nachdenken, bevor sie über ihn kommen. Er sollte sie jeden Tag, jede Stunde, jeden Monat vorhersehen und in seinem Herzen sagen: "Wenn diese Ereignisse heute nicht kommen, werden sie morgen kommen." Wenn er dies tut und seine Augen und sein Herz darauf gerichtet sind, dann werden die Ereignisse, wenn sie kommen, ihn nicht verwirren, und sie werden ihn nicht dazu bringen, den Dienst an G-tt zu vergessen, denn diese Ereignisse werden ihn bereit finden, sie anzunehmen. So verhält sich der Gerechte: Er weiß, daß die Welt ein Ort des Unheils ist, und seine Augen und sein Herz denken jeden Augenblick daran, und deshalb verwirren ihn diese Unheile nicht, wenn sie kommen, noch erschrecken sie ihn. Aber sie erschrecken denjenigen, der in-seiner Welt sicher ist und meint, dass kein Unglück über ihn kommen

Sefer HaYashar - Das Buch der Geradlinigkeit

Kapitel Sechs

wird und dass seine Ruhe bestehen bleibt. Wenn also das Gegenteil von dem eintritt, was er gedacht hat, fürchtet er, seinen Verstand zu verlieren und auch seinen Glauben und seine Anbetung. Ein vernunftbegabter Mensch muss seine Seele immer hüten und darf nicht einmal für einen Augenblick auf die Güte der Welt vertrauen, sondern muss wissen, dass die Schwierigkeiten schon kommen werden. Wenn er diese Einstellung hat, wird er glücklich sein und seine Anbetung G-ttes wird Bestand haben.

Die siebte Eigenschaft betrifft die Gesellschaft böser Menschen. Wisse, dass diese Eigenschaft jede Anbetung G-ttes zerstören kann, und selbst wenn der Anbeter in allen anderen Eigenschaften vollkommen ist, wird seine Anbetung zerstört, wenn er sich der Gesellschaft böser Menschen anschließt. Und dies sind die Einzelheiten: Wenn er sich der Gesellschaft von Königen anschließt, werden sie ihn zu Hochmut und zum Streben nach Macht und Herrschaft verleiten. Sucht er die Gesellschaft der Jugend, so wird sie ihn zum

Sefer HaYashar - Das Buch der Geradlinigkeit
Kapitel Sechs

Vergnügen verführen. Wenn er die Gesellschaft von Frauen sucht, werden sie ihn zu unsittlichen Handlungen verleiten. Wenn er sich mit Atheisten zusammentut, werden sie seinen Glauben zerstören. Und wenn er sich der Gesellschaft von Narren anschließt, wird er seine Weisheit und seine Vernunft verlieren, und er wird die Satzungen seines G-ttes vergessen, und er wird nach ihren Taten gezogen werden. Wenn er sich der Gesellschaft von Betrügern und Räubern anschließt, wird ihn seine Seele allmählich zu ihnen ziehen, und er wird nicht wissen, dass er gegen seine eigene Seele sündigt. Wenn er sich Verrückten oder Narren anschließt, wird er mit ihnen verrückt und töricht sein. Und wenn er sich den Unwürdigen und Niederträchtigen anschließt, wird er ihre schändlichen Taten lernen, und deshalb ist es immer notwendig, sich von allen diesen Arten fernzuhalten. Er muss wissen, dass seine Nähe zum Schöpfer, gepriesen sei Er, umso größer sein wird, je weiter er sich von ihnen entfernt. Entsprechend seiner Nähe zu diesen Gruppen wird seine

Sefer HaYashar - Das Buch der Geradlinigkeit

Kapitel Sechs

Entfernung vom Schöpfer, gepriesen sei Er, sein. Wenn er nicht weiß, wie er sich von ihnen trennen kann, weil seine böse Neigung stark geworden ist, dann muss er sich mit ihren Gegensätzen verbinden. Dann wird er die Fehler der bösen Gefährten erkennen. Wenn er ihre Fehler erkennt, wird er in der Lage sein, in großer Entfernung von ihnen zu bleiben. Wenn er die Gesellschaft der Könige genießt und sich nicht von ihnen trennen kann, soll er sich der Gesellschaft der Armen und Unterdrückten anschließen, und dann wird er Hochmut und Stolz von sich weisen, und dann wird es ihm möglich sein, allmählich einen Abstand zwischen sich und ihnen herzustellen. Und wenn er sich von der Gesellschaft der Jugendlichen entfernen will und sich nicht von ihnen trennen kann, dann soll er sich der Gesellschaft der Älteren anschließen, und dann wird er ihre Worte und ihre Intelligenz und ihre tiefgründigen Eigenschaften hören, und er wird die Ehre erkennen, die er durch die Gesellschaft der Älteren und der Ehrwürdigen erlangen wird. Er wird den Unterschied

Sefer HaYashar - Das Buch der Geradlinigkeit

Kapitel Sechs

zwischen dem, was er durch die Gesellschaft älterer Männer erreichen kann, und dem, was er durch die Gesellschaft Jugendlicher erreichen kann, erkennen. Wenn er die Gesellschaft von Frauen sucht und sich nicht von ihnen trennen kann, soll er sich der Gesellschaft von Männern mit gefestigtem Verstand und Vernunft anschließen, und dann wird er die Freuden erkennen, die in ihnen zu finden sind und die völlig im Gegensatz zu den Dingen stehen, die die Frauen betreffen. Wenn er die Gesellschaft von Atheisten sucht und sie seinen Glauben zerstören, dann soll er sich der Gesellschaft von Menschen mit vollkommenem Glauben anschließen, den Frommen, die sich durch ihre Weisheit auszeichnen, und sie werden ihn Zeichen und Beispiele lehren, anstatt die Unwissenheit der Atheisten. Wenn er sich in die Gesellschaft von Narren begibt und sich nicht von ihnen trennen kann, dann soll er sich in die Gesellschaft von intelligenten Menschen begeben. Wenn er sich in die Gesellschaft von Betrügern und Räubern begibt und sich nicht

Sefer HaYashar - Das Buch der Geradlinigkeit

Kapitel Sechs

von ihnen trennen kann, dann soll er sich in die Gesellschaft von Gläubigen begeben, und dann wird er sehen, wie sorgfältig sie mit ihrem Verhalten sind. Und wenn er sich der Gesellschaft von Menschen anschließt, die unwürdig sind, und sich nicht von ihnen trennen kann, dann soll er sich der Gesellschaft der Geehrten und Wohlgesinnten anschließen, und er soll von ihren Taten lernen

Die achte Eigenschaft ist ein Fehler im Glauben. Wer keinen Glauben hat - wie schwer ist es, für ihn eine Heilung zu finden und ein Heilmittel für seine Plage! Wenn G-tt ihn nicht durch die Furcht vor Ihm lockt und ihm ein anderes Herz gibt und das steinerne Herz aus seinem Fleisch entfernt und ihn mit dem Gedenken der Barmherzigkeit bedenkt, dann gibt es keine Methode, ihn zu korrigieren. Und wenn man ihm alle Belehrungen und Zurechtweisungen vorsetzen würde, so wäre das alles für ihn ein Nichts, und er würde es nur als Spott betrachten. Er ist wie eine Krankheit, die nicht geheilt werden kann, und wie eine zerbrochene Tonscherbe, die nicht repariert

Sefer HaYashar - Das Buch der Geradlinigkeit

Kapitel Sechs

werden kann, und deshalb sollte der Mensch seinen Glauben eifrig hüten.

Die neunte Eigenschaft ist der Spott der Spötter und die Verachtung der Verleumder. Ein Mensch kann nicht in den Dienst G-ttes treten, bevor er sich nicht entschlossen hat, denen keine Beachtung zu schenken, die ihn verspotten und beschämen mögen. Wenn sie von ihm sagen, er sei ein Schmeichler und Heuchler, soll er nicht auf ihre Worte hören, sondern bedenken, dass, wenn alle Menschen auf das höhnische Lachen der Spötter und die Schande der Verächter achten würden, niemand etwas Gutes tun, noch ein Gebot erfüllen, noch eine Wohltat tun würde. Denn niemand kann sich vor der Sprache des gewalttätigen Volkes retten, wie es heißt (Psalm 73,9): "Sie haben ihren Mund gegen den Himmel gerichtet, und ihre Zunge wandelt auf der Erde." Wie viele Spötter gibt es, deren Spott aus Eifersucht und Lust an der Schmähung entspringt. Denn sie erkennen die Überlegenheit desjenigen, den sie angreifen, und sie können seine Eigenschaften nicht

Sefer HaYashar - Das Buch der Geradlinigkeit

Kapitel Sechs

erreichen, und deshalb schmähen sie ihn. Deshalb sollte ein Mensch fest an der Anbetung G-ttes festhalten, möge Er gepriesen werden, und wissen, dass nur zwei Arten von Menschen ihn schmähen können, ein Narr oder ein vernünftiger Mensch. Wenn er nun ein Narr ist, ist es nicht angebracht, auf den Stachel seiner Worte zu achten oder sie zu beachten. Und wenn er ein vernünftiger Mensch ist, sollte man wissen, dass ein intelligenter Mensch einen Menschen nicht in einer ehrlichen Angelegenheit schmähen wird, es sei denn, er ist eifersüchtig, weil er selbst diese Eigenschaft nicht besitzt.

Die zehnte Qualität besteht aus den verschiedenen Weisheiten. Es gibt verschiedene Weisheiten, die den Glauben zerstören, wie die weltlichen Weisheiten, die Weisheiten der Atheisten und die Weisheit der Philosophie. Es besteht keine Notwendigkeit für den Diener G-ttes, all diese fleißig zu studieren. Er soll sich vielmehr mit aller Kraft von ihnen fernhalten, denn bevor er irgendeinen Nutzen aus ihnen ziehen kann,

Sefer HaYashar - Das Buch der Geradlinigkeit

Kapitel Sechs

wird er seinen Glauben verlieren. Und er wird wie einer sein, der einen Schatz aufbraucht, um einen anderen Schatz zu erhalten. Er erlangt den zweiten Schatz nicht. Wie viele Menschen (die in ihren eigenen Augen weise sind) denken, dass sie die Höhe der Weisheit erreicht haben und in die Nähe eines sehr großen Geheimnisses aufgestiegen sind. Sie verbergen es vor anderen und wissen nicht, dass sie einen großen Abstand zwischen sich und den Glauben gebracht haben. Sie erkennen diese Tatsache nicht. Es ist wie bei einem gesunden Menschen, der sich aus Liebe zum Vergnügen daran gewöhnt hat, schlechte Speisen zu essen. Die Struktur seiner Glieder ist zerstört, die Zusammensetzung seines Körpers und sein Aussehen sind verändert, aber er ist sich dessen nicht bewusst und hält sich für gesund, obwohl er dem Tod nahe ist. Wenn man also ein Gefährte von Atheisten wird, wird sein Glaube nach und nach zerstört, und er wird es nicht merken. Und so ist es mit demjenigen, der sich mit der Weisheit der Philosophie beschäftigt, sie wird ihn dazu bringen, sich

Sefer HaYashar - Das Buch der Geradlinigkeit

Kapitel Sechs

nach und nach vom Glauben zu entfernen, und er wird es nicht merken. Die offensichtliche Absicht der Philosophie und ihrer Struktur ist es, den Menschen zu befähigen, die Einheit G-ttes zu erkennen, damit er, wenn er sie erkannt hat, Ihm dienen kann. Es wird gesagt, dass er "in seiner Tiefe Perlen und Edelsteine finden wird", aber viele haben ihre Seelen wegen dieser Sache verloren, weil sie beabsichtigten, in der Mitte des Meeres zu schwimmen und herumzuwandern, um den Schatz zu suchen, und sie haben ihn nicht gefunden. Nun, die Weisheit der Philosophie hat von Anfang an Dinge und Prinzipien, die den Glauben verwirren, und niemand, der sie betritt, kann darauf vertrauen, dass sein Glaube nicht verloren geht, es sei denn, er hat einen gelehrten und frommen Lehrer, der ihn lehrt und ihn vor den Stellen warnt, an denen sein Glaube geschwächt werden könnte. Nur dann kann ein Mensch den Stolpersteinen der Philosophie entkommen und den Nutzen erlangen, den er sucht. Wenn er aber Bücher der Philosophie allein oder mit einem Lehrer

Sefer HaYashar - Das Buch der Geradlinigkeit
Kapitel Sechs

liest, der zwar weise, aber nicht ganz fromm ist, wird sein Glaube zweifellos zerstört, und er wird mehr verlieren als gewinnen. Und diese allgemeine Regel ist eine Stütze für jeden, der den Herrn fürchtet, und deshalb ist es notwendig, in dieser Angelegenheit vorsichtig zu sein.

Die elfte Eigenschaft ist die Eifersucht. Wenn der Diener G-ttes sieht, wie viele Menschen, die weniger wert sind als er, sich mit den Dingen der Welt beschäftigen und Ehre erlangen, kann er sie beneiden. Er kann sich umdrehen, um den Grund für ihren Erfolg zu suchen, und zu sich selbst sagen: "Siehe, diese Leute haben diese Ehre erlangt, weil sie sie gesucht haben, und ich, wenn ich sie suchen würde, würde ich sie finden." Ein vernünftiger Mensch sollte sich vor dieser Eigenschaft hüten

Die zwölfte Eigenschaft ist die Torheit. Wenn ein Diener G-ttes sieht, wie Menschen, die G-tt dienen, ihren Dienst verlassen und zu weltlichen Beschäftigungen zurückkehren und ihren Begierden nachgehen, und er sagt:

Sefer HaYashar - Das Buch der Geradlinigkeit

Kapitel Sechs

"Dieser und jener hat seinen Dienst für G-tt verlassen, ich werde dasselbe tun", dann ist das die größte Torheit.

Die dreizehnte Eigenschaft ist die, dass der Mensch die Geduld verliert, wenn er keine Belohnung für seinen Dienst sieht. Es gibt Menschen, die sich mit dem Dienst für G-tt beschäftigen, und wenn die Angst über sie hereinbricht, vertrauen sie auf ihre Gerechtigkeit und ihre Gebete, aber wenn sie sehen, dass ihnen das nichts nützt, werden sie ungeduldig mit ihrem Dienst, umso mehr, wenn sie sehen, dass der Weg der Bösen Erfolg hat, während sie selbst inmitten ihrer Angst stehen bleiben. Dann werden sie zornig. Und das ist die Überlegenheit des Verstandesmenschen gegenüber dem Narren. Denn der Narr wird dies tun, aber der Verstandesmensch wird es nicht tun, und er wird weise wissen, dass seine Anbetung nichts ist und seine Gerechtigkeit unbedeutend. Er soll sich damit begnügen, dass sein G-ttesdienst und seine Gerechtigkeit genug wert sind, um ihn vor der Strafe seines G-ttes zu

Sefer HaYashar - Das Buch der Geradlinigkeit

Kapitel Sechs

bewahren, und er soll nicht nach Belohnung für sein Verhalten in dieser Welt suchen.

Die vierzehnte Eigenschaft ist der Geiz oder das, was ihm ähnlich ist, hervorgerufen durch das Böse der Seele oder ihre Unreinheiten. Nun zählen wir die bösen Eigenschaften der Seele zu den übrigen bösen Eigenschaften, weil wir sehen, dass, wenn die Seele edel ist, viele der guten Eigenschaften in ihr enthalten sind. Wenn dem so ist, nehmen wir das Gegenteil dieser Eigenschaft und sagen, dass, wenn ein Mensch gierig oder von Geiz besessen ist, diese schlechte Eigenschaft nicht für sich allein steht, sondern mit anderen daneben. Nur dass diese Eigenschaft des Geizes viel schlimmer ist als alle anderen. Und deshalb sage ich, dass diese Eigenschaft des Geizes die Verehrung G-ttes zerstört, denn niemand, der gierig oder von Geiz erfüllt ist, kann zur rechten Zeit Rechtschaffenheit tun. Er kann den Armen nur aus Zwang helfen, und jedes Gebot, in dem er einen Vorteil sieht, wird er richtig tun. Er wird nach der Regel handeln. Wenn er aber darin auch nur einen geringen

Sefer HaYashar - Das Buch der Geradlinigkeit

Kapitel Sechs

Vermögensverlust sieht, wird er das Gebot leichtfertig behandeln und Beweise dafür erbringen, so dass er die Übertretung des Gebotes zulässt oder für die Erfüllung des Gebotes einen Nachteil hat oder einen Kompromiss anstrebt. Wenn er z.B. ein Lamm kauft und schlachtet und es sich als trefe herausstellt, wird er, wenn er viele Gesetze und Beweise anführen kann, damit es für koscher erklärt wird, dies tun. Ebenso wird er, wenn der Sabbat plötzlich über ihn hereinbricht und es sich herausstellt, dass er Geld verliert, wenn er eine bestimmte Sache nicht tut, Beweise dafür erbringen, dass es erlaubt ist, sie zu tun, und er wird als Beweis anführen: "Ihr sollt also meine Satzungen und meine Verordnungen halten, und wenn jemand sie tut, wird er davon leben." (Levitikus 18:5). All dies geschieht aufgrund der Macht des Geizes. Deshalb ist es für einen geizigen Menschen unmöglich, ein wahrer Diener G-ttes zu sein, wegen des Bösen in seinem Herzen und in seinem Auge. Um eines Pfennigs willen erlaubt er, was verboten sein sollte, umso mehr, wenn es sich um eine

Sefer HaYashar - Das Buch der Geradlinigkeit

Kapitel Sechs

private oder persönliche Angelegenheit handelt. Dann achtet er überhaupt nicht darauf, was verboten oder erlaubt ist, solange es zu seinem eigenen Vorteil ist. Deshalb sollte ein wahrer Diener G-ttes nicht in die Falle des Geizes tappen. Denn der Geizige wird seinen G-tt mit der Geschmeidigkeit seiner Lippen täuschen und die größte Frömmigkeit an den Tag legen. Aber wenn sich ihm eine Gelegenheit bietet, einen Vorteil oder einen Gewinn zu erlangen, unter der Bedingung, dass er das Verbotene erlaubt oder das Erlaubte verbietet, wird er das tun. Ebenso gibt es keinen Rat, den er nicht annehmen würde, und keinen Plan, den er nicht in Angriff nehmen würde, um sein Geld zu retten, aber dieser Narr wird seine Seele nicht retten, wenn er mit dem Verlust von Geld konfrontiert wird. Deshalb muss ein geiziger Mensch diese Eigenschaft von sich abstreifen, und er sollte den Dienst seines G-ttes nicht für einen unwürdigen Preis verkaufen. Denn niemand, der das Gebot seines G-ttes hält, wird sein Herz an den Verlust von Geld hängen, der sich

Sefer HaYashar - Das Buch der Geradlinigkeit

Kapitel Sechs

aus seinem Dienst für G-tt ergeben kann. Er wird sich auch nicht über irgendeinen Vorteil freuen, der sich aus der Missachtung des Gebots G-ttes ergeben könnte. Einen solchen Menschen nennt man einen, der den Herrn verehrt.

Ich sage: Nachdem wir die Grundsätze des G-ttesdienstes, seine Säulen und die Dinge, die ihn zerstören, erklärt haben, ist es notwendig, alle Dinge zu erklären, die mit dem G-ttesdienst zusammenhängen. Wir werden sie zuerst beim Namen nennen und sie dann so gut wie möglich erklären.

Zunächst werden wir erörtern, wie ein Mensch seine Seele an die Gebote G-ttes und an den Dienst G-ttes, gepriesen sei Er, gewöhnen sollte. Und wir werden alle Geheimnisse des gewohnheitsmäßigen Gebets und die Methoden des Gebets erklären und wie sie befolgt werden sollten, und die Reihenfolge ihres Themas und wie die richtige Trennung vorgenommen werden sollte.

Zweitens, wie ein Mensch für die Sünden seiner Jugend Buße tun soll.

Sefer HaYashar - Das Buch der Geradlinigkeit

<u>Kapitel Sechs</u>

Drittens, das Studium der Thora und der Worte unserer Weisen, gesegneten Andenkens, und der Worte G-ttes.

Viertens soll er mit aller Kraft vor Dingen gewarnt werden, die seinen Dienst für G-tt zerstören könnten.

Fünftens, all die ehrfurchtgebietenden Taten des Schöpfers und Seine Wunder zu lesen und was Er an Seinen Frommen getan hat; zum Beispiel die Wunder in Ägypten, im Meer, in der Wüste, den Bericht im Buch Esther und andere Wunder und Wundertaten. Ebenso die Worte Seiner furchtbaren Taten und Seiner Stärke und Seines Zorns gegen diejenigen, die Ihn verlassen, zu lesen; zum Beispiel das, was mit Korah und seinen Anhängern geschah.

Sechstens, sich davor zu hüten, einen Fehler zu machen oder etwas zu vergessen, und wie das Thema seines Gebets ausgedrückt werden sollte.

siebtens, wie die Sache mit dem Fasten durchgeführt werden soll.

Achtens, die Einzelheiten seines Dienstes vor den Menschen zu verbergen und sie so weit

Sefer HaYashar - Das Buch der Geradlinigkeit

Kapitel Sechs

wie möglich geheim zu halten und sie vor Leuten zu verbergen, die seine Fähigkeit behindern.

Neuntens, die Gewohnheit seiner Anbetung auf eine bestimmte Zeit festzulegen; dann wird er in der Lage sein, sie gewissenhaft zu befolgen.

Zehntens, die Stunden des Tages und der Nacht einzuteilen und sie in die richtige Reihenfolge zu bringen.

Elftens, seine Geschäfte, seine Berufe und sein Handwerk in die richtige Ordnung zu bringen

Zwölftens, sich um die Bedürfnisse der Armen zu kümmern und die Hände der Unterdrückten zu stärken.

Dreizehntens: Regelmäßig den Friedhof besuchen, denn dann wird sein unbeschnittenes Herz bezwungen werden. Und er soll bei den Kranken stehen, wenn sie sterben, denn dann wird er erkennen, dass alles nichtig ist.

Vierzehntens: seine Speisen, Getränke sein Essen, sein Trinken, seine Vergnügungen und seinen Wagen zu ordnen.

Sefer HaYashar - Das Buch der Geradlinigkeit

Kapitel Sechs

Fünfzehntens, in jedem seiner Gebete darum zu bitten, dass G-tt ihn bis zum Tag seines Todes vor der bösen Neigung bewahren möge Sechzehntens, wenn er Kinder hat, wie er sie zu guten Sitten erziehen und sie von Jugend auf lehren soll siebzehntens, sich eine Frau zu nehmen, wenn er unverheiratet ist.

Achtzehntens, die Liebe zu G-tt zum Ziel seines Dienstes zu machen. Und die Liebe zu G-tt kann auf diese vier Arten vollendet werden: indem man sich mit den Frommen und Weisen verbindet, indem man sich von der Gesellschaft der Bösen und Narren fernhält, indem man sich mit den Worten unserer Lehrer seligen Andenkens und mit den heiligen Büchern beschäftigt und indem man sich von den sogenannten weltlichen Weisheiten fernhält. Wenn nun ein Mensch sich diese vier Dinge angewöhnt, so kann von ihm gesagt werden (Psalm 15,5): "Wer diese Dinge tut, der wird niemals wanken.

Was nun den ersten Grundsatz der Anbetung betrifft, der sich mit der Gewöhnung an das Gebet und seine Wege befasst, so wisse, dass

Sefer HaYashar - Das Buch der Geradlinigkeit

Kapitel Sechs

jeder, der seinem G-tt mit einem vollkommenen Dienst und mit einem vollkommenen Herzen dienen will, dies nur mit viel Fleiß, nach viel Zeit, mit viel Übung und ohne Ungeduld erreichen kann. Wisse, dass der Diener G-ttes die Gewohnheit seiner Anbetung anfangs mühsam und später erfreulich finden kann. So ist es mit jeder Tat, die ein Mensch tut. Am Anfang findet er es mühsam, aber die Schwierigkeit der Anstrengung verschwindet gegen Ende. Deshalb muss jeder, der das Joch der Verehrung G-ttes auf sich nehmen will, an alle seine Freuden denken und sie immer vor Augen haben. Er soll sich anfangs daran gewöhnen, das Leichte zu tun und es sich nicht beschwerlich zu machen, aber wenn er weitergeht, soll er hinzufügen, wie es heißt (Jesaja 28,13): "Und so ist das Wort des Herrn zu ihnen, Gebot um Gebot, Gebot um Gebot, Strich um Strich, Strich um Strich, hier ein wenig, dort ein wenig." Wenn er sieht, dass er mehr hinzugefügt hat, als er tragen kann, soll er die Last ein wenig erleichtern, damit er nicht

Sefer HaYashar - Das Buch der Geradlinigkeit

Kapitel Sechs

plötzlich ungeduldig wird. Nachdem er es sich leichter gemacht hat und einige Zeit verstrichen ist, kann er zu seinem vorherigen Zustand zurückkehren.

Ich möchte euch ein Beispiel dafür geben, wie man sich an die Wege des Dienstes gewöhnt, damit er nicht zu schwer wird. Betrachten wir einen Menschen, der seine Seele durch Fasten betrüben will, obwohl es nicht seine Gewohnheit ist, zu fasten. Zuerst soll er einen Tag im Monat fasten, und zwar in den Wintertagen, denn dann sind die Tage kürzer, und sein Körper ist stark, und die Hitze wird ihm nicht schaden. Er soll diese Gewohnheit eine Zeit lang beibehalten, und danach soll er ein wenig hinzufügen und in den Tagen des warmen Wetters fasten, aber nicht in den Tagen des heißen Sommers. Danach soll er ein wenig hinzufügen, indem er in den Tagen des Sommers fastet. Und wenn er einen Tag in der Woche fasten muss, soll er wissen, dass alle Müdigkeit, die er ertragen wird, beim ersten oder zweiten Mal auftritt, und vielleicht bleibt etwas von der Müdigkeit für das dritte und

Sefer HaYashar - Das Buch der Geradlinigkeit

Kapitel Sechs

vierte Mal, und ein ganz kleines bisschen wird beim fünften und sechsten Mal bleiben. Aber wenn er zum siebten Mal kommt, wird er überhaupt keine Müdigkeit mehr empfinden; und wenn er sieht, dass er seines Fastens oder irgendeines Aspekts seines Dienstes für G-tt überdrüssig wird, soll er in seinem Herzen alle guten Dinge und alle Vorteile, die ihm aus diesem Dienst erwachsen, und den Schaden, den er sich selbst zufügt, wenn er von diesem Dienst abweicht, Revue passieren lassen, und er wird wissen, dass Fasten das Herz demütigt. Wer lernen will, wie man sich eine bestimmte Übung zur Gewohnheit macht, sollte wissen, dass derjenige, der sich mit einer Aufgabe abmüht oder sich mit irgendeiner Tat beschäftigt oder sich mit schwierigen Dingen abmüht, zuallererst an das Gute denken sollte, das ihm durch die Ausführung der Aufgabe erwachsen wird, und an das Böse, das ihm erwachsen wird, wenn er sie nicht ausführt. Je nach dem, was ihm an Gutem zuteil wird, desto mehr wird er sich bemühen, die Aufgabe zu erfüllen. Denn wenn er weiß, dass die Aufgabe

Sefer HaYashar - Das Buch der Geradlinigkeit

Kapitel Sechs

ihm größere Freude bereiten wird, dann wird die Müdigkeit, die er in der Aufgabe findet, in seinen Augen viel leichter werden. Ein Beispiel dafür ist der Lohn desjenigen, der den Boden bestellt. Wenn er einen guten Preis bekommt, wird er nicht ungeduldig mit der Aufgabe, und er wird sie nicht ablehnen, weil er sich über den guten Preis freut, den er dafür bekommt; er wird Freude an seinen Bemühungen finden.

Aber es gibt einige Leute, die sagen, dass dem Arbeiter seine Anstrengung und Arbeit erst nach einer gewissen Zeit bei seiner Arbeit süß wird, und dann wird er das Gute und das Schlechte erkennen, und er wird wissen, dass es für ihn eine Belohnung für seine Arbeit gibt. Dann wird er fähig sein, sich seiner Aufgabe fleißig zu widmen und nicht ungeduldig zu werden. Aber zu Beginn seiner Anhänglichkeit an seine Aufgabe kann er ungeduldig werden und sie viele Male verwerfen und aufgeben, und deshalb werde ich über sie sagen, dass ein Mensch nur auf diese vier Arten an seiner Aufgabe festhalten kann: nachdem er weiß,

Sefer HaYashar - Das Buch der Geradlinigkeit

Kapitel Sechs

was sein Lohn dafür sein wird; nachdem er viele Jahre bei dieser Aufgabe bleibt; nachdem er eine gute Intelligenz erwirbt; und nachdem er das Geheimnis des starken Verlangens und seines Gegenteils kennt, wie es zu allen Handlungen gehört. Denn wenn jemand beginnt, eine Handlung zu tun, und diese Handlung ihm Freude bereitet, wird ein starkes Verlangen in sein Herz eindringen. Ähnlich wird, wenn es irgendeine Freude an einer Handlung gibt, die man tut, Liebe in das Herz desjenigen eintreten, der sie tut, zuerst. Aber danach wird sie verschwinden und Hass wird in sein Herz einziehen, und so werden diese Zustände immer wieder wechseln. Der erste wird verschwinden und der zweite wird eintreten. Aber wenn die Freude desjenigen, der den Dienst verrichtet, groß ist und er Intelligenz hat, dann wird die Liebe viele Tage lang bleiben und der Hass nur ein paar Tage. Hat er aber keine Intelligenz und findet er keine große Freude an seinem Dienst, oder sollte sein Dienst ihm einerseits Freude und andererseits Verwirrung bereiten, dann wird

Sefer HaYashar - Das Buch der Geradlinigkeit

Kapitel Sechs

die Liebe nur wenige Tage bleiben und der Hass wird seinen Aufenthalt verlängern. Dann wechseln sie viele Male den Platz. Wenn einem Menschen durch seinen Dienst neue und gute Erfahrungen zuteil werden, dann wird die Liebe fortbestehen und wachsen, wenn aber durch diesen Dienst neue und schlechte Erfahrungen gemacht werden, dann wird der Hass wachsen. Wenn nichts von diesem Dienst kommt, dann sind beide gleich, bis die Vernunft kommt und eine Entscheidung zwischen ihnen trifft. Denn wenn die Vernunft gut ist, dann wird das starke Verlangen wegen der Freuden, die als Ergebnis des Dienstes kommen, stärker werden, aber wenn die Liebe schwächer werden sollte, dann wird der Hass stärker werden, und er wird weiter wachsen, während die Liebe mit jedem Tag schwächer wird.

Nachdem wir nun das Geheimnis von Liebe und Hass gelüftet haben, können wir sagen, dass der Anbeter gleich zu Beginn seines Dienstes erkennen muss, dass Liebe und Hass im Krieg miteinander stehen. Zu einer Zeit

Sefer HaYashar - Das Buch der Geradlinigkeit

Kapitel Sechs

wird das eine stärker sein und zu einer anderen Zeit das andere. Deshalb braucht man zu Beginn des G-ttesdienstes nicht zu befürchten, dass man ungeduldig wird. Denn das ist der Weg der Liebe am Anfang: Sie erreicht ein bestimmtes Ziel, dann hört sie auf, und danach kehrt sie zurück und erneuert sich und wird stärker wie der Adler. Wenn also die Liebe schwach und der Hass stark wird, soll er nicht an seinem Dienst verzweifeln, sondern wissen, dass er sich schließlich ändern wird. Wenn ein Mensch ohne Wissen ist und die Freuden nicht erkennt, die im Dienst des Schöpfers zu finden sind, dann werden die Tage des Hasses länger und die Tage der Liebe kürzer, und wenn dieser Zustand andauert, wird der Hass stärker werden. Deshalb ist es für den intelligenten Menschen am Anfang seines Dienstes notwendig, sich langsam zu gewöhnen, damit er in seinem Dienst nicht ungeduldig wird. Wenn die Liebe in das Herz eindringt, um eine gute Tat zu vollbringen, muss man sich beeilen, sie zu tun. Wenn man sieht, dass die Liebe abnimmt und der Hass zunimmt, gibt es

Sefer HaYashar - Das Buch der Geradlinigkeit

Kapitel Sechs

Menschen mit weisem Herzen, die sich Sorgen machen und sich nicht beruhigen können, bis der Hass verschwunden ist. Es gibt törichte Menschen, die die Kräfte ihres Hasses nicht brechen können, und sie werden ungeduldig mit der Tat. Sie geben es auf, bis die Macht, diesen Zustand zu ändern, nicht mehr in ihrer Hand liegt. Würden sie an einem Teil davon festhalten und ihn nicht aufgeben, wäre die Erfüllung des Gebots für sie nicht völlig verloren. Wenn der intelligente Mensch merkt, dass der Hass in sein Herz eingedrungen ist und er ungeduldig mit seinem Dienst ist, sollte er die Sache nicht ganz aufgeben und nicht sagen: "Ich lege diese Sache vorläufig beiseite und komme später darauf zurück." Denn wenn er alles aufgibt, wird seine Kraft, das Gebot zu erfüllen, verloren gehen, aber wenn er an einem Teil davon festhält, wird seine Kraft, das Gebot zu erfüllen, nicht verloren gehen. Es ist ähnlich wie bei einem Menschen, dem ein Glied abgetrennt wird. Wenn das Glied ganz vom Körper abgetrennt ist, gibt es kein Heilmittel und keine Heilung, aber wenn das

Sefer HaYashar - Das Buch der Geradlinigkeit

Kapitel Sechs

Glied noch mit dem Körper verbunden ist, gibt es ein Heilmittel, und das Glied wird zu seiner früheren Stärke zurückkehren, wenn sie es heilen. So sollte der Diener in allen Angelegenheiten, die seinen Dienst betreffen, handeln, zum Beispiel in der Sache des Fastens. Er fastet ein paar Tage, und wenn es ihm dann lästig wird, soll er sich nicht von allem Fasten zurückhalten, sondern einen Tag in der Woche oder sogar einen Tag im Monat fasten. Dasselbe gilt, wenn er zu beten beginnt und sich beim Beten unwohl fühlt. Lass ihn ein paar Tage in der Woche oder einmal am Tag beten. Wenn er anfängt zu studieren und sich darüber ärgert oder sich dabei unwohl fühlt, lass ihn jede Woche ein wenig lesen und wisse, dass ein Mensch sich bei keiner Aufgabe unwohl fühlt, außer am Anfang. Wenn er Tage und Jahre mit seiner Aufgabe verbringt, wird ihm alles zur Gewohnheit, und seine Seele wird sich daran klammern, auch wenn es mit viel Mühe verbunden ist. In ähnlicher Weise sehen wir, dass jemand, der anfängt, etwas zu essen, was er vorher nicht gegessen hat, oder

Sefer HaYashar - Das Buch der Geradlinigkeit

Kapitel Sechs

etwas, das er normalerweise ablehnen würde, oder eine bittere Speise, wenn er eine Zeit lang damit weitermacht, es ihm nicht schwer fallen wird. Es wird ihm zur Gewohnheit werden, und er wird daran festhalten.

Deshalb sage ich, dass derjenige, der seine Seele an den Dienst G-ttes gewöhnen will, nicht mit schwierigen Dingen beginnen soll, sondern mit einfachen, und wenn er sie nicht tun kann, auch wenn sie einfach sind, soll er einen Teil von ihnen tun, und wenn er fortfährt, soll er sie ergänzen. Wenn er merkt, dass er sich ärgert oder unwohl fühlt, soll er seine Aufgabe verringern und einen Teil davon tun, aber er soll nicht alles aufgeben, wie ich schon erklärt habe. Zu den leichten Dingen gehören zum Beispiel: das Gebet, der Gruß, die Hilfe für die Armen nach seinen Möglichkeiten, der Besuch der Kranken, die Begleitung der Toten. Anders verhält es sich mit den schwierigen Dingen, wie: Fasten, sich von allen Begierden zurückhalten, die einem zufällig über den Weg laufen; sich hüten vor Betrug, Raub, Schwüren, Zorn, Eifersucht und davor, das

Sefer HaYashar - Das Buch der Geradlinigkeit

Kapitel Sechs

Erlaubte zu verbieten und das Verbotene zu erlauben. In diesen Dingen muss sich der Mensch üben und gewöhnen, so wie ein Vater seinen Sohn in den weltlichen Dingen unterrichtet, denn er muss ihn zunächst die leichten Dinge lehren, die keine Mühe und Anstrengung erfordern. Nach und nach soll er sie ergänzen, dann wird der Sohn nicht ungeduldig. Denn wenn der Vater seinem Sohn gleich zu Beginn schwierige Dinge beibringt, wird der Sohn ungeduldig mit ihm werden, und das kann dazu führen, dass er alles ablehnt und nicht mehr darauf zurückkommt. Daher gibt es nichts, was der vernünftige Mensch anwenden kann, um seine böse Neigung zu unterdrücken, das damit vergleichbar wäre, die Seele an die guten Dinge und die Freuden zu erinnern, die mit dem Dienst für G-tt verbunden sind, und an die Übel, die denen widerfahren, die G-tt nicht dienen. Wenn er behauptet, dass es Menschen gibt, die nicht zuhören und ihre starrköpfige Meinung nicht aufgeben, wenn sie die Eigenschaften G-ttes und die Zurechtweisung

Sefer HaYashar - Das Buch der Geradlinigkeit

Kapitel Sechs

des menschlichen Verhaltens hören, dann wisse, dass G-tt keinen Anteil an diesen Menschen hat, auch nicht an ihrem Gebet, und es ist angemessen, dass er seine Vorsehung vor ihnen und vor ihrem Gebet verbirgt. Von ihnen heißt es (Hesekiel 2,5): "Ob sie hören oder ob sie schweigen warden.

Ich habe euch bereits darauf aufmerksam gemacht, dass die böse Neigung ständig im Krieg mit dem Verstand steht, und deshalb solltet ihr in jeder Angelegenheit des Menschen, wenn es zu einem Krieg zwischen den beiden kommt und ihr einen Menschen seht, der seine Angelegenheiten auf rechtschaffene Weise erledigt, wissen, dass der Verstand die böse Neigung besiegt und unterworfen hat. Deshalb obliegt es uns in jedem Beruf, dem Verstand in seinem Krieg zu helfen, denn der Verstand und die böse Neigung sind zwei mächtige Kräfte, die miteinander Krieg führen. Aber wegen der Grausamkeit und der Härte der bösen Neigung und wegen der Annehmlichkeit des Intellekts und der Feinheit seiner Natur ist die böse

Sefer HaYashar - Das Buch der Geradlinigkeit

Kapitel Sechs

Neigung mächtiger als der Intellekt. Zuweilen sind sie gleich stark, und wenn ein Mensch einem von ihnen hilft, macht er den Gegner schwach und leicht zu vertreiben. Deshalb müssen wir dem Verstand helfen, denn beide sind gleich stark, und dazu heißt es (Deuteronomium 30,15): "Siehe, ich habe dir das Leben und das Gute vor Augen gestellt" - das ist der Verstand - "... und den Tod und das Böse" - das ist die böse Neigung. Die Heilige Schrift informiert uns also darüber, dass die Stärke des einen wie die Stärke des anderen ist. Deshalb befiehlt sie uns, dem Verstand zu helfen, wie es heißt (ibid., 30-19): "Darum wähle das Leben." Deshalb sagten unsere Weisen seligen Andenkens (Berakhot 33b): "Alles liegt in den Händen des Himmels, außer der Furcht vor dem Himmel." Denn im Krieg zwischen dem Verstand und der bösen Neigung sind sie gleich stark. Der Schöpfer, gepriesen sei Er, hat dem Menschen die Macht gegeben, sich von der einen oder der anderen Seite anziehen zu lassen. Aber wenn ein Mensch in den Augen des Schöpfers Gunst

Sefer HaYashar - Das Buch der Geradlinigkeit

Kapitel Sechs

findet und er dennoch der bösen Neigung folgen und ihr helfen will, dann werden Hemmnisse, Hindernisse und lästige Dinge auftreten, und der Schöpfer wird ihn nicht der bösen Neigung helfen lassen. Der Schöpfer wird einem Menschen gegenüber so handeln, weil er die frommen Taten seiner Väter kennt oder weil er in seinem Herzen sieht, dass er treu ist, oder weil er erkennt, dass dieser Mensch am Ende ein vollkommen frommer Mensch sein wird und zu denen gehört, die es verdienen, das Antlitz des Schöpfers zu sehen, und zu denen gehört, die Ihm nahe sind. Da der Schöpfer weiß, wie die Zukunft dieses Menschen aussehen wird, wünscht er, dass er rein und heilig ist, wenn er sein böses Verhalten bereut, und deshalb sagen wir in unserem Gebet: "Lass uns, o unser Vater, zu Deiner Tora zurückkehren", denn auf diese Weise beten wir, dass kein Widersacher es wagen möge, uns aufzuhalten. Diejenigen, die durch ihre Absicht, Gutes zu tun, keine Gunst in den Augen G-ttes finden, lässt der Schöpfer in der Verstocktheit oder Härte ihres Herzens

Sefer HaYashar - Das Buch der Geradlinigkeit

Kapitel Sechs

verharren. Dazu heißt es (1. Könige 18,37): "Denn du hast ihr Herz verkehrt". Wenn also einer von ihnen von seiner Bosheit umkehren will und der Schöpfer erkennt, dass er nicht von ganzem Herzen umkehren will, dann geschehen ihm Dinge, die ihn zurückhalten und ihn bedrängen, wie es heißt (Jesaja 1,12): "Wenn ihr kommt, um vor mir zu erscheinen, wer hat das von eurer Hand verlangt, dass ihr meine Höfe zertretet?" Das ist die Bedeutung von "Du hast ihr Herz umgedreht": Wenn die Gottlosen die Übertretungen abtun wollen, geschieht nichts, was sie zurückhält, so dass die Bosheit, die in ihrem Herzen ist, in die Tat umgesetzt wird, wie es heißt (Hesekiel 14,5): "... dass ich das Haus Israel in ihrem eigenen Herzen ergreife." Deshalb sagte der Prophet seligen Andenkens (Jesaja 63,17): "Herr, warum lässt du uns von deinen Wegen abirren?" Was er meint, ist: Lass uns nicht in unserem Herzen irren, damit nicht Dinge geschehen, die uns daran hindern, dir zu dienen.

Der Anbeter soll wissen, dass er, wenn er sich

Sefer HaYashar - Das Buch der Geradlinigkeit

Kapitel Sechs

eine gute Tat vornimmt und sie schnell gelingt, erkennen soll, dass er in den Augen seines G-ttes Gunst gefunden hat und dass der Schöpfer ihn liebt. Wenn er eine Übertretung begehen will und ihm Dinge zustoßen, die ihn stören, und er die sündige Tat nicht vollenden kann, soll er wissen, dass er in den Augen seines G-ttes Gunst gefunden hat, wie es bei David, seligen Andenkens, der Fall war, wie es heißt (1. Samuel 25,34): "Denn in jeder Tat, so wahr der Herr, der G-tt Israels lebt, hat er mich davon abgehalten, dir wehzutun." Wer also davon verschont geblieben ist, eine Übertretung zu begehen, soll erkennen, dass der Schöpfer seinen Dienst und sein Gebet auserwählt hat und ihn davor bewahrt, sich mit schmutzigen Taten zu beschäftigen, damit er rein und heilig ist, um seinem G-tt zu dienen. Aus diesem Grund sollte jeder Mensch dem Verstand helfen, und auf diese Weise wird der Verstand stärker sein als die böse Neigung. Wenn ein Mensch eine Übertretung begeht und seine böse Neigung über ihn triumphiert, bis er seinen Wunsch erfüllt hat, dann soll er es

Sefer HaYashar - Das Buch der Geradlinigkeit

Kapitel Sechs

bereuen, nachdem er die Tat vollbracht hat, und er soll sich sorgen und sich wundern (über das, was er getan hat); wenn er das tut, ist das ein Zeichen dafür, dass er seine Taten mit der Zeit verbessern wird. Wenn ein Mensch zu einem der folgenden drei Zeitpunkte betrübt ist, besteht die Hoffnung, dass er am Ende seine Taten verbessern wird: Erstens, bevor er die Übertretung begeht; zweitens, während er die Übertretung noch begeht, und drittens, nachdem er sie begangen hat. Wenn man bereut, bevor man eine Übertretung begeht, ist das die beste von allen, und wenn man bereut, nachdem man die Übertretung begangen hat, ist das die schlechteste von allen. Das ist wie bei jemandem, der von Reue erfüllt ist und im Augenblick seines Todes bereut, der aber nicht an seinen G-tt gedacht hat, als er bei voller Gesundheit war und auf seine Ruhe vertraute, und deshalb hat diese Reue keinen Nutzen.

Möge G-tt uns vor dem Toben der bösen Neigung bewahren. Und möge Er unseren Weg ebnen und uns helfen, gute Taten in

Sefer HaYashar - Das Buch der Geradlinigkeit

Kapitel Sechs

dieser und in der nächsten Welt zu vollbringen, so wie es Sein Wunsch ist.

Sefer HaYashar - Das Buch der Geradlinigkeit

<u>Kapitel Sieben</u>

Sefer HaYashar

Das Buch der Geradlinigkeit

von Rabbeinu Tam

Kapitel Sieben

Über die Reue und alles, was damit zusammenhängt, über die Gebetsordnung und die Angelegenheiten der Selbstbeschränkung

Wisse dies, mein Sohn, dass die Krankheit des Körpers von einer Veränderung in der Mischung der Körpersäfte herrührt, sei es durch Vermehrung oder durch Verminderung oder durch die Veränderung ihrer Stärke. Mit Vermehrung ist zum Beispiel gemeint, wenn sich zu viel Blut im Körper befindet. Dies könnte schwere Krankheiten hervorrufen. Oder wenn es eine Zunahme der roten oder schwarzen Galle gibt, kann dies verschiedene Krankheiten hervorrufen. Oder wenn die weiße Galle zunimmt, kann auch das

Sefer HaYashar - Das Buch der Geradlinigkeit

Kapitel Sieben

Krankheiten verursachen. Genauso wie ein Überschuss Krankheiten hervorrufen kann, kann ein Mangel andere Krankheiten verursachen, die das Gegenteil der ersten sind. Wenn nun eine dieser Mischungen oder Flüssigkeiten im Gleichgewicht ist und dann eine schädliche Veränderung eintritt, wird sie Krankheiten verursachen. Wenn z.B. das Blut verbrannt wird und sich schwarz färbt, wird es, obwohl es keinen Mangel aufweist und sich nicht vermehrt, dennoch eine Krankheit verursachen. Und so ist es mit allem, was das Gleichgewicht stört, ob in der Quantität oder in der Qualität, es wird zu Krankheit führen. Deshalb ist es für den Körper notwendig, wenn diese Krankheiten durch eine dieser drei Ursachen oder durch ein anderes Ereignis neben ihnen hervorgerufen werden, z.B. durch einen Schlag oder durch das Verbrennen von Feuer oder durch die Erschöpfung des Körpers oder durch ähnliche Dinge, die Krankheit schnell zu heilen, bevor sie wächst und schlimmer wird. In dem Maße, wie die Kraft des einen zunimmt, wird die Kraft des Körpers

Sefer HaYashar - Das Buch der Geradlinigkeit

Kapitel Sieben

geschwächt, und er wird degenerieren. Deshalb haben wir gesagt, dass ein intelligenter Mensch, wenn er eine Krankheit in seinem Körper spürt, sich beeilen sollte, sie zu heilen. So wie wir gesagt haben, dass Krankheiten im Körper entstehen, so ist es auch mit der Seele, aufgrund einer Veränderung der Kräfte oder einer Veränderung der Qualität oder beidem zusammen oder durch irgendein Ereignis. Die Krankheit des Körpers ist die Veränderung seiner Gewohnheit, wenn seine natürlichen Funktionen schwächer werden oder sich verändern. Daran kann man die Krankheit erkennen. Solange die natürlichen Funktionen des Körpers vollkommen fortbestehen und in ihrer gewohnten Weise ablaufen, und keine von ihnen aufhört zu funktionieren oder verändert wird, werden wir sagen, dass ein solcher Mensch nicht krank genannt wird. Hier habt ihr ein Zeichen, an dem ihr die Krankheit von der Gesundheit unterscheiden könnt. Deshalb sagen wir, dass die Seele selbst an schweren Krankheiten erkranken kann, die aus

Sefer HaYashar - Das Buch der Geradlinigkeit

Kapitel Sieben

verschiedenen Ursachen entstehen. Das sind die Emotionen: Jede von ihnen kann entweder durch die Qualität der Sache, die die Krankheit verursacht, oder durch einen Mangel daran krank machen. Die Krankheit der Seele kann erkannt werden, wenn ihre geistigen Aktivitäten verändert sind oder eine von ihnen aufhört zu funktionieren. Deshalb ist es notwendig, sie zu heilen und den Weg zu zeigen, wie die Dinge, die die Seele betreffen, korrigiert werden können.

Es ist offensichtlich, dass etwas, das eine Handlung ausführt, nicht der Empfänger (dieser Handlung) ist, es sei denn, es (erhält diese Handlung) von etwas anderem; denn es ist nicht wahr, dass irgendein Glied des Körpers sowohl der Schlagende als auch der Geschlagene ist; vom Mund kann nicht gesagt werden, dass er isst und gegessen wird, vom Auge, dass es sieht und gesehen wird, von der Hand, dass sie baut und gebaut wird, noch brennt die Kerze sowohl und zündet sie an. Der Handelnde ist vom Empfänger verschieden. Es ist unmöglich, dass beide ein und dasselbe sind

Sefer HaYashar - Das Buch der Geradlinigkeit

Kapitel Sieben

- außer bei der Seele. Denn die Seele weiß alles, was gewusst werden kann, und sie weiß sich selbst. Wenn das so ist, dann kennt die Seele sich selbst und wird von sich selbst erkannt.

Wisse, dass die Dinge, die die aktive Kraft enthalten, drei sind: das Gemachte - es ist bekannt, aber weiß nicht; es ist der Empfänger der Handlung, aber kein Handelnder. Zweitens der Schöpfer, der weiß, aber von seinen Geschöpfen nicht erkannt wird, und drittens die Seele; sie steht zwischen dem Schöpfer und dem Geschaffenen. Die Seele hat von der Macht des Schöpfers die Eigenschaft des Wissens und von der Macht des Geschaffenen die Eigenschaft des Gewusstseins erhalten. Die Kraft, durch die die Seele weiß, bezeugt, dass sie niemals sterben wird, weil sie alle Dinge tut und keine Kraft sie aktiviert. Daher kann der Tod nicht auf sie einwirken. Aber die Kraft, durch die sie gewusst wird, bezeugt, dass sie sterben wird, weil sie eine Sache ist, auf die eingewirkt wird, und deshalb sagen wir, dass die Seele zwei Kräfte hat: die Kraft

Sefer HaYashar - Das Buch der Geradlinigkeit

Kapitel Sieben

des Wissens und die Kraft des Gewusstseins. Wenn eine von beiden stärker ist, hat die andere keine Macht, denn sie ist ihr Gegenteil. Daher sagen wir, dass die Fähigkeit, zu wissen, Unwissenheit darstellt, da das, was (nur) ein Gegenstand des Wissens ist, die Metalle, Pflanzen und Artefakte sind. Das Wissen der Seele besteht darin, etwas zu (er)kennen, von dem sie vorher nichts wusste. Daher ist der Schöpfer zu erhaben, als dass irgendeine Erkenntniskraft ihn kennen könnte, denn wenn es eine solche Erkenntniskraft gäbe, dann würde der Schöpfer erkannt werden. Da die Seele einige dieser Kräfte enthält, argumentieren wir, dass, wenn die Kraft, die Wege G-ttes, gepriesen sei Er, zu kennen, und die Dinge, die Ihn betreffen, und die Dinge, die in Seinen Augen gut sind, überwiegen sollte, nicht dass die Seele Ihn kennt, (vielmehr kennt sie) nur Seine Wege, Seine Eigenschaften und das, was Er für gut hält; und wenn du (die Kraft) hinzufügst, einige Dinge zu kennen, die Seine Geschöpfe und das Geheimnis ihrer Schöpfung betreffen, wird eine solche Seele

Sefer HaYashar - Das Buch der Geradlinigkeit

Kapitel Sieben

überhaupt nicht sterben. Wenn aber die Kraft der Seele schwach wird, dann ist sie töricht, und es ist offensichtlich, daß eine solche Seele wie eine Tierseele sterben wird. Deshalb können wir nicht sagen, dass die Seele eines weisen Menschen, auch wenn sie böse ist, immer noch eine vernunftbegabte Seele genannt wird; denn unsere Absicht ist nicht, uns mit der allgemeinen Weisheit zu befassen, sondern mit der gerechten Weisheit, aus der ein Mensch die Wege G-ttes lernen kann. Einem solchen Menschen würden wir den Namen "weiser Mensch" geben. Eine solche Seele lebt weiter und stirbt überhaupt nicht.

Ich sage weiter, nachdem nun erklärt worden ist, dass die Seele ihre Wirkung in sich selbst und auf Dinge außerhalb ihrer selbst ausübt, und dass sie, so wie sie andere Dinge als sich selbst kennt, sich selbst kennt, und dass sie alles, was sie für andere tun kann, sei es, um andere zu erkennen oder um anderen irgendein Wissen zu vermitteln, für sich selbst tun kann, um sich selbst zu erkennen und um sich selbst zu veranlassen, zusätzliches Wissen zu

Sefer HaYashar - Das Buch der Geradlinigkeit

Kapitel Sieben

erkennen. Siehe, aus unseren Worten geht hervor, dass der intelligente Mensch, so wie er andere lehren kann, auch sich selbst lehren kann und keinen anderen braucht, der ihn lehrt. Aber die Seele legt ein festes Fundament und ist in sich selbst ein Fundament, und weil der Mensch in sich die Kraft hat, sich selbst zu warnen, ist er verpflichtet, Strafe für das Böse, das er tut, und Lohn für das Gute zu erhalten. Denn er hat die Macht, sich selbst zu warnen, und braucht niemanden, der ihn warnt. Tiere können andere nicht warnen, und sie können sich selbst nicht warnen, und so ist es mit Kindern und mit Unwissenden und mit Tauben und Stummen. Für sie kann es keine Strafe geben, denn sie können sich nicht selbst warnen, und sie haben auch keinen Lohn. Denn sie können nicht absichtlich gute Taten tun. Weil aber im Menschen die Kraft vorhanden ist, andere Seelen zu warnen, muß man sagen, daß dies die Kraft ist, die ihn bewacht, und wenn der Wächter einen Fehler begeht und der Bewachte verloren geht oder umkommt, dann muß der Wächter bestraft

Sefer HaYashar - Das Buch der Geradlinigkeit

Kapitel Sieben

werden. Ähnlich ist es, wenn die vernunftbegabte Seele einen Fehler begeht und sich selbst nicht bewacht und zugrunde geht, sagen wir, dass sie durch ihre eigene Sünde zugrunde geht. Er erhält also die zusätzliche Strafe dafür, dass er sich nicht selbst bewacht hat. Dies verdeutlicht, was gesagt wird (Hesekiel 33,6): "Wenn aber der Wächter das Schwert kommen sieht und nicht in das Horn bläst und das Volk nicht gewarnt wird und das Schwert kommt und jemanden aus ihrer Mitte ergreift, so wird er in seiner Schuld weggenommen, aber sein Blut will ich von der Hand des Wächters fordern." Da die Seele sowohl der Wächter als auch der Bewachte ist, wird sie, wenn sie umkommt, durch ihre eigene Sünde umkommen, und außerdem wird sie, weil sie auch der Wächter anderer Seelen ist, bestraft werden, und dies ist eine wichtige Erklärung für Lohn und Strafe in der kommenden Welt. Wisse, dass die Eigenschaft, bewacht zu werden, nicht denen gehören kann, denen es an Intelligenz mangelt. Denn der Schöpfer verbindet sich nur mit

Sefer HaYashar - Das Buch der Geradlinigkeit

Kapitel Sieben

vernünftigen Menschen, wie es heißt (Amos 3,2): "Von allen Geschlechtern der Erde habe ich nur dich erkannt." Da der Schöpfer sich mit den vernünftigen Menschen verbindet und sie in seine Nähe holt, bestraft er sie, nicht aber die Bösen, die weit von ihm entfernt sind. Es heißt (Levitikus 10,3): "Durch die, die mir nahe sind, will ich geheiligt werden.

Nachdem wir nun dieses große Prinzip erklärt haben, werden wir sagen, dass die bösen Taten wie die Krankheiten sind, von denen wir zuvor gesprochen haben. Denn wenn die verschiedenen Körpersäfte sich verändern, sei es in der Qualität oder in der Quantität, dann verändert sich mit ihnen auch das Blut, das den Körper ernährt und bewahrt. Wenn das Blut rein und gut ist, dann blüht der Körper auf und spendet Licht, und seine Taten sind richtig; wenn es sich aber verändert, dann nimmt der Körper an Kraft ab und wird schwach; denn wie sollen sich die Glieder stärken, wenn das Blut nicht rein ist? Aus diesem Grund werden die Teile des Körpers schwach und dünn, denn die schlechten Körpersäfte vermischen sich

Sefer HaYashar - Das Buch der Geradlinigkeit

Kapitel Sieben

mit ihnen, und das Blut fließt in den ganzen Körper, und der Körper verliert an Kraft. Wegen der schlechten Qualität des Blutes werden seine Funktionen verändert. Deshalb muss ich sagen, dass die Seele genauso krank wird wie der Körper, und die Krankheit der Seele kommt aus fünf Ursachen: aus dem Sehen der Augen, aus dem Hören der Ohren, aus der Arbeit der Zunge und der Lippen, aus der Beschäftigung der Hände und aus den Bewegungen der Füße. Außer diesen fünf äußeren Ursachen gibt es noch eine innere Ursache, die sich mit der Seele vermischt, und das ist der Gedanke. Und daraus entsteht die Lust, die die Grundlage aller Sünden ist. Der Gedanke kommt aus der Seele, und wenn die Seele keinen Körper hätte, wäre der Gedanke nicht hässlich und schlecht, sondern rein, wie die Seelen der Engel. Aber weil sie mit dem Körper verbunden ist, sind die Gedanken grob und vulgär geworden und vermischen sich manchmal mit den höheren Qualitäten und manchmal mit den niederen Dingen. Eine Veranschaulichung dafür wäre, dass einer der

Sefer HaYashar - Das Buch der Geradlinigkeit

Kapitel Sieben

Engel auf der Erde liegen gelassen wurde und sich in einen Körper verwandelte und einem von uns ähnlich wurde. Wir wären dann gezwungen zu denken, dass es zwei Kräfte gibt, die miteinander Krieg führen. Die eine wird zu höheren und erhabenen Taten hingezogen, die andere zu niederen Dingen. Sie wären wie zwei Partner, der eine weise, der andere töricht, die sich an einem Thema beteiligen und jeder seinen Beruf ausübt. In dieser Partnerschaft wird die Beschäftigung des Toren, seltsam und unwürdig, und die Beschäftigung des Weisen, lieblich und ganz und gar schön, sichtbar. Wenn sie sich mit einer Beschäftigung beschäftigen, die nicht geteilt werden kann und bei der jeder seine Arbeit nicht getrennt, sondern nur in Begleitung seines Partners verrichten kann, wird diese Arbeit als eine Mischung aus Gut und Böse angesehen. Wenn aber einer der Partner einen Vorteil gegenüber dem anderen hat, dann wird seine Arbeit als besser und würdiger angesehen als die des anderen. Wenn der Narr stärker ist, dann wird die

Sefer HaYashar - Das Buch der Geradlinigkeit

Kapitel Sieben

Wertlosigkeit und der Mangel an Qualität offensichtlich sein. Die Schwierigkeit der Korrektur wird bei dieser Aufgabe offensichtlich sein. Wenn aber der weise Teil stärker ist, dann wird man in dem Produkt sehen, dass Korrektur, Verbesserung und Schönheit herrschen.

Deshalb sage ich: Je nach der Stärke der Seele und je nach ihrer Süße wird die Kraft der Gedanken sichtbar. Und wenn der Gedanke sich zu erhabenen Dingen neigt, dann werden die Handlungen, die aus seiner Kraft kommen, sich zu Frömmigkeit und Rechtschaffenheit neigen, und die Handlungen der fünf Sinne, die wir erwähnt haben, werden zu Rechtschaffenheit und Frömmigkeit hingezogen. Diese fünf Sinne sind wie Kanäle oder Arterien, durch die das Blut fließt, um den Durst aller Gliedmaßen des Körpers zu stillen. In ähnlicher Weise sind die Emotionen Kanäle, durch die die Gedankenkräfte fließen, um den Durst der Seele zu stillen. Diesbezüglich heißt es: (Numeri 15:39): "Und dass ihr nicht nach eurem eigenen Herzen und euren eigenen

Sefer HaYashar - Das Buch der Geradlinigkeit
Kapitel Sieben

Augen geht." Und so sagten unsere Weisen seligen Andenkens im ersten Kapitel des Jerusalemer Talmuds: "Das Herz und das Auge sind zwei Agenten der Sünde, und wenn sich böse Taten in der Seele vermischen, verderben sie ihre Handlungen, bis sie sich von ihrer Ordnung abwenden." So wie fremde Säfte die Struktur des Körpers verderben, so verderben böse Gedanken die Funktion der Seele. Die Funktionen der Seele sind Wissen, Intelligenz, Sprache, Demut, Furcht und Hoffnung und andere gute Eigenschaften. Aber wenn sich böse Begierde mit der Seele vermischt, zerstört sie all diese guten Eigenschaften; so wie fremde Säfte die Struktur des Körpers zerstören, so zerstört die Vermischung von Begierde die Arbeit der Seele. Deshalb müssen wir die Krankheit auf dieselbe Weise heilen, wie wir den Körper heilen - so wie die Krankheit, die aus der Vermischung der Körpersäfte entsteht, gleich zu Beginn eine Medizin braucht, die die Wunde von innen her reinigt und läutert, damit die Medizin von außen etwas nützt. Denn

Sefer HaYashar - Das Buch der Geradlinigkeit

Kapitel Sieben

wenn ihr dem Kranken ein Medikament oder eine Salbe oder einen Verband gebt und die Wunde ist noch deutlich zu sehen, nützt das Medikament nichts. Es wird sich nur mit den fremden Säften verbinden und den Schaden vergrößern, wie es geschrieben steht (1. Mose 1,10): "... und sie werden sich auch mit unseren Feinden verbinden." Außerdem: Was kann Heilung von außen bewirken, wenn der Feind von innen lauert? Er verdirbt das, was man korrigieren möchte, und unter dem Ansturm der beiden geht der Körper zugrunde. Deshalb ist es notwendig, den Körper zu reinigen, und wenn der Körper sauber ist, wird die Medizin wirksam sein. Es ist wie mit einem verschmutzten Vorhang - wenn man ihn färben will, wird die Farbe wegen der Flecken nicht schnell wirken. Aber wenn man ihn gut wäscht, wird er sauber. Je nachdem, wie sauber er ist, wird er die Farbe gut aufnehmen. So ist es auch mit der Seele. Wenn wir den Makel eines bösen Gedankens und die Begierde, die sie befleckt, von ihr abwaschen, dann wird die Kraft der Reue an ihr haften wie an einem

Sefer HaYashar - Das Buch der Geradlinigkeit

Kapitel Sieben

gewaschenen Kleidungsstück. Dazu sagte König Salomo, Friede sei mit ihm, (Prediger 9,8): "Deine Kleider sollen immer weiß sein." Damit meint er die Reinheit des Herzens, d. h., du sollst immer darauf bedacht sein, dass dein Herz rein ist, dann wirst du auch gute Taten empfangen können. So sagte der Prophet über die Umkehr (Jesaja 55,7): "Der Gottlose verlasse seinen Weg und der Frevler seine Gedanken und kehre um zum Herrn, so wird er sich seiner erbarmen.

Ich sage, wenn der Körper krank wird, müssen wir eine Medizin einnehmen, die der Krankheit des Körpers entgegenwirkt, und je nachdem, wie weit die Krankheit vom normalen Gleichgewicht des Körpers auf der einen Seite entfernt ist, muss die Heilung auf der anderen Seite stark sein. Wenn zum Beispiel eine Wärme, ein wenig Fieber, über den Körper kommt, muss man dem Patienten eine kühlende Behandlung geben. Wenn die Wärme groß ist, dann muss auch das kalte Mittel groß sein, denn das Fieber wird nicht in sein richtiges Gleichgewicht zurückkehren,

Sefer HaYashar - Das Buch der Geradlinigkeit

Kapitel Sieben

außer mit einem kalten Mittel, das es entsprechend seiner Entfernung vom Gleichgewicht der Normalität kühlt. Denn das Fieber wird nicht zur Normalität zurückkehren, außer mit einer kühlen Anwendung, die es entsprechend dem Abstand der Hitze von der Normalität vollständig abkühlt. So muss es auch mit der Heilung der Seele sein. Wer sich der Liebe zum Geld aussetzt, muss sich daran gewöhnen, Wohltätigkeit zu geben, indem er die Gewinnsucht aus seinem Herzen entfernt. Dies kann nur geschehen, wenn er sich mit seinem Anteil zufrieden gibt und daran denkt, dass alles vergeht. Er sollte an den Tod denken, der ihn plötzlich überkommen wird, und er sollte die Gesellschaft der Kranken suchen, und er sollte über die Toten nachdenken, und er sollte einen Friedhof besuchen, und er sollte erkennen, dass er morgen wie einer von ihnen sein wird. In ähnlicher Weise muss er bei der Heilung der Seele von der Liebe zu den Frauen lernen, sie mit einer ebenso großen Ablehnung zurückzuweisen wie seine Liebe. Er sollte sich

Sefer HaYashar - Das Buch der Geradlinigkeit

Kapitel Sieben

an ihre Fehler und ihre schlechten Gewohnheiten erinnern, dass sie ein Netz für einen Mann sind und dass ein Mann wegen ihnen vergessen kann, G-tt zu dienen.

In ähnlicher Weise muss die Heilung der Seele, wenn es sich um Hochmut handelt, durch bescheidenes Verhalten erfolgen. Wenn die Krankheit Bosheit und Schmeichelei ist, dann muss ihre Heilung mit Glauben und Rechtschaffenheit erfolgen. Wenn er eine Heilung für eine dieser schlechten Eigenschaften oder andere, die ihnen ähnlich sind, vornimmt, muss er seine Seele viele Tage lang an diese Heilung gewöhnen, denn die Heilung wird die Krankheit nicht in einem Augenblick beseitigen, sondern sie wird viele Tage dauern. Wir müssen die Heilung beständig machen und sie jeden Tag erneuern. Das ist die Heilung der kranken Seele. Hier ist ein Beispiel dafür, wie man Arroganz heilt. Ein Mensch soll sich angewöhnen, von Herzen demütig zu sein, sich bescheiden zu benehmen und jeden Menschen freundlich zu grüßen, und er soll einen Eid ablegen, dass er nicht

Sefer HaYashar - Das Buch der Geradlinigkeit

Kapitel Sieben

hochmütig reden und sich nicht über seine Diener und Untergebenen erheben wird. Wenn er hört, dass er von jemandem geschmäht wird, soll er schweigen, und wenn sie ihm Schaden zufügen, soll er diesen Schaden annehmen und sich G-tt ergeben. Durch all dies kann der Hochmut gedemütigt und beseitigt werden, aber es wird nicht einen Tag oder zwei Tage dauern, sondern viele Tage. Er soll ein Gelübde ablegen, eine bestimmte Zeit lang fleißig daran zu arbeiten, so wie wir es erwähnt haben, und wenn sich seine böse Neigung an einem Tag als zu stark für ihn erweist, dann soll er fasten und seine Sünde bekennen. Er soll die Zeit seiner Reue verlängern, damit er bei einer zweiten Gelegenheit daran denkt und sich davor hütet, dass die böse Neigung dann versucht, über ihn zu herrschen. Auf diese Weise wird er sich fleißig an das Gebot der Reue halten, bis es ihm zur Gewohnheit wird, wie der weise Mann sagte: "Ich war von Jugend auf frech und schämte mich nicht, etwas Böses zu tun, bis ich neidisch auf meine Kameraden wurde und meine Seele daran

Sefer HaYashar - Das Buch der Geradlinigkeit
Kapitel Sieben

gewöhnte, demütig zu sein. Und das geschah nicht von selbst, sondern durch Verpflichtung und Versprechen. Als ich eine Zeit lang fleißig daran arbeitete und sah, wie angenehm es war, war ich sehr erfreut darüber, und so hielt ich daran fest. Ich genoss bei meinen Zeitgenossen einen guten Ruf, denn ich verhielt mich mit äußerster Demut.

Ich sage, dass die Begierde zu den schwersten Krankheiten gehört, die die Seele des Menschen töten, und deshalb müssen wir uns an all die Dinge erinnern, mit deren Hilfe die Begierde aufgehoben werden kann. Diese sind: Wenn ein Mensch daran gewöhnt ist, viel zu essen und zu trinken, und an die Gesellschaft von Frauen, und an viel Reichtum und Ehre, und an Selbstgefälligkeit und Bequemlichkeit, und an viel Torheit und Mangel an Intelligenz, und an viel Vergnügen, und an das Fehlen der Gesellschaft der Weisen und der Frommen, sondern genießt stattdessen die Gesellschaft von wertlosen und bösen Menschen, dann muss die Behandlung darin bestehen, die Gewohnheit auf folgende Weise

Sefer HaYashar - Das Buch der Geradlinigkeit

Kapitel Sieben

zu verringern: Esst und trinkt nur wenig und nicht bis zur Sättigung. Er soll keine warmen und stark gewürzten Speisen zu sich nehmen, denn wenn er darauf verzichtet, wird er sein sexuelles Verlangen schwächen. Er soll den Umgang mit Frauen und das Lachen mit ihnen und das Lesen von Büchern, die seine Begierde erregen, einschränken und sich an jeden Fehler erinnern, den es bei Frauen gibt, und so wird seine Lust geschwächt werden. Je mehr er sich daran gewöhnt, desto schwächer wird sein sexuelles Verlangen werden. Lass ihn immer weniger in der Gesellschaft der Reichen und Mächtigen sein, und auf diese Weise wird seine Lust auf Reichtum und Macht schwächer werden. Er soll sich immer weniger mit Geschäften beschäftigen, und wenn er sich daran gewöhnt, wird sein Verlangen nach weltlichen Dingen und weltlichen Beschäftigungen schwächer werden. Er soll weniger schöne Kleider tragen und weniger in die Häuser der Feste gehen und in den Gärten spazieren, und so wird seine Lust an Vergnügungen schwächer werden. Er soll den

Sefer HaYashar - Das Buch der Geradlinigkeit

<u>Kapitel Sieben</u>

Genuss von allerlei Speisen, von Köstlichkeiten und Wein verringern, und wenn er sich an diese Mäßigung gewöhnt, wird seine Lust am Essen schwächer werden. Er soll sich immer weniger in der Gesellschaft böser Menschen aufhalten, und je mehr er sich daran gewöhnt, desto schwächer wird seine Begierde nach ihren Taten und ihrer Gesellschaft sein. Wie es nun notwendig ist, weniger von den Dingen zu tun, die die Begierde wachsen lassen, so ist es notwendig, viel von den Dingen zu tun, die die Begierde schwächen. Das ist ihre Erklärung: Wenn er sich zu sehr der Lust hingibt, soll er kühle und karge Nahrung zu sich nehmen, und dann wird seine Lust auf Frauen abnehmen.

Er soll mehrere Tage in der Woche fasten und am Tag des Fastens nur eine Brotkruste und Wasser essen, so wird seine Lust am Essen sehr schwach werden. Er soll sich angewöhnen, in die Häuser der Toten zu gehen und dort lange Zeit allein zu verweilen, und so wird seine Lust an den Dingen dieser Welt sehr nachlassen. Er soll sich angewöhnen, sich

Sefer HaYashar - Das Buch der Geradlinigkeit

Kapitel Sieben

immer in die Gesellschaft der Armen, der Unterdrückten und der Kranken zu begeben, und so wird seine Begierde nach Reichtum und Ehre sehr nachlassen. Er soll sich angewöhnen, immer die Heilige Schrift und seine Offenbarungen und Wunder zu lesen, und er soll über das, was er liest, nachdenken. Er soll über die großen Taten seines G-ttes und seine Strafe, seine Macht und seine Urteile nachdenken und sie aus der Schrift erkennen, und so werden die Grausamkeit seines Herzens und seine Verstocktheit schwächer werden, und er wird seinen G-tt fürchten.

Er soll sich angewöhnen, die Worte unserer Weisen seligen Andenkens zu lesen, ihre Worte, ihre Weisheit und ihre Geheimnisse zu studieren und die wahre Bedeutung jedes Gebots zu erkennen und zu wissen. Auf diese Weise wird er die Torheit seines Herzens und seine Unwissenheit beseitigen, und seine Augen werden geöffnet werden. Er soll sich angewöhnen, seine Gebete und Bitten jeden Tag und um Mitternacht zu vermehren. Die Last seiner Bosheit und seiner Frechheit wird

Sefer HaYashar - Das Buch der Geradlinigkeit

Kapitel Sieben

leichter werden. Er soll sich angewöhnen, in seinem Herzen über all die Freuden nachzudenken, die ihm zuteil werden, wenn das böse Verlangen beseitigt ist. Er soll sich angewöhnen, immer in seinem Herzen über die Übel und Verwirrungen nachzudenken, die ihm widerfahren werden, wenn er der Lust nachgeht. So wie der Mensch sich auf diese Weise von der Krankheit der Begierde heilen kann, so kann er sich auch von der Krankheit des Zorns heilen, und in dieser Sache ist es richtig, dass der Mensch seine Seele an alles gewöhnt, was den Zorn mindert. Dies sind die Namen und Beschreibungen von einigen von ihnen: Der Zorn eines Menschen wächst, wenn eine Sache, die ihn betrifft, schief läuft, oder wenn ihm ein Schaden von einem Ort zugefügt wird, von dem er nur Gutes erwartet hat, oder wenn Verzweiflung anstelle von Hoffnung zu ihm kommt, oder wenn Dinge gesagt werden, die seinem Wunsch entgegengesetzt sind, oder wenn er von einem Menschen beschämt wird, der seine Bitte ablehnt, oder wenn er eine Tat korrigieren will und sie verdorben wird, oder

Sefer HaYashar - Das Buch der Geradlinigkeit

<u>Kapitel Sieben</u>

wenn er ein Einfaltspinsel oder ein Narr ist; denn wir sehen, dass ein weiser Mensch seinen Zorn mindert und fähig ist, seinen Zorn zu zügeln. In ähnlicher Weise würden wir zu einem Menschen, der sich in die Gesellschaft von Bösewichten und Geächteten begibt, sagen: Der Zorn wird weniger, wo es viel Weisheit und Vernunft und die Gesellschaft von moralischen Menschen gibt. Ein Mann sollte die Menge seiner Nahrung verringern. Er sollte Worte lesen, die ihn dazu bringen, seinen G-tt zu fürchten. Er soll darüber nachdenken, dass die ganze Welt, all ihr Reichtum und ihre Güte, nichts wert sind. Deshalb sollte er nicht zornig werden, wenn er ein begehrtes Objekt verliert oder wenn seine Geschäfte schief gehen. Wenn ein Mensch sich immer auf diese Weise verhält, wird sein Zorn weniger werden, und das ist eine Heilung für die Seele.

Wisse, dass die Heilung der Seele in zwei Teile geteilt ist, in den Teil der Gedanken und den Teil der Taten. Es ist notwendig, zuerst den Teil der Gedanken zu heilen und danach den Teil der Tat, denn die Krankheiten des Körpers

Sefer HaYashar - Das Buch der Geradlinigkeit

Kapitel Sieben

sind ebenfalls in zwei Teile geteilt: den Teil der inneren Krankheiten, die sich im Körper befinden, und den Teil der sichtbaren Krankheiten. In ähnlicher Weise hat die Seele verborgene Krankheiten wie Eifersucht, Hass, Betrug, Schmeichelei, Zorn, Begierde und auch sichtbare Krankheiten wie Diebstahl, Geschwätzigkeit, Schimpfwörter, sexuelle Unmoral, mörderisches Verhalten und Bestechung. Deshalb muss ein Mensch zuerst die Eigenschaften, die diese beiden Spaltungen verursachen, beseitigen. Als nächstes muss er den Teil, der mit Gedanken zu tun hat, und danach den Teil, der mit Taten zu tun hat, aufheben. Er muss sich viele Tage lang an diese Disziplin gewöhnen. Wenn er seine Seele viele Tage lang an diese Disziplin gewöhnt hat, dann muss er seine Seele wiegen, um zu wissen, ob er ein rechtschaffener oder ein böser Mensch ist. Er muss seine Seele wie auf eine Waage legen. Wenn er sieht, dass er wegen früherer Sünden sehr schwach geworden ist, sie aber nicht mehr wie früher tun will, wenn er sich danach sehnt, gute Taten

Sefer HaYashar - Das Buch der Geradlinigkeit

Kapitel Sieben

zu tun, deren Ausführung er zu studieren begonnen hat, dann soll er glauben und wissen, dass er in den Augen seines G-ttes Gunst gefunden hat und dass die Erwähnung von ihm gut sein wird und dass er zu den Frommen gehört. Wenn er aber sieht, dass die mächtige Begierde noch immer nicht schwächer geworden ist und dass er sie noch immer begehrt, und er begehrt nicht die guten Taten, dann soll er wissen, dass er in den Augen seines G-ttes keine Gunst gefunden hat und dass die Tore der Reue ihm noch nicht offen stehen, und deshalb muss er versuchen, seinen Dienst für G-tt zu erweitern.

Sefer HaYashar

Das Buch der Geradlinigkeit
von Rabbeinu Tam

Kapitel Acht

Dinge, die das Wissen um den Schöpfer, gepriesen sei Er, betreffen

Jeder, der dem Schöpfer, gepriesen sei Er, dienen will, muss wissen, was Er ist, und dann wird er wissen, wie er Ihm dienen kann. Und jeder, der sich von der Wahrheit der Existenz eines Schöpfers überzeugen will, muss in seinem Herzen die Eigenschaften bedenken, durch die jedes geschaffene Objekt oder jede geschaffene Person bekannt ist. Wenn er dann das Gegenteil dieser Dinge bedenkt, wird es klar, dass es einen Schöpfer von allem gibt. Ich sage, dass die Eigenschaften, durch die ein Ding bekannt ist, seine Art, seine Quantität, seine Qualität und seine Form sind. Eine Definition von etwas ist so beschaffen, dass

Sefer HaYashar - Das Buch der Geradlinigkeit

Kapitel Acht

das definiens (d.h. das, was den ursprünglichen Begriff definiert) das definiendum (d.h. den ursprünglichen Begriff) bezeichnet und umgekehrt. Zum Beispiel, wenn man sagt, dass jeder, der spricht, ein Mann ist, und ein Mann ist einer, der spricht, oder wenn man sagt, dass alle geraden Zahlen gleichmäßig teilbar sind und alles, was gleichmäßig teilbar ist, eine gerade Zahl ist, oder wenn man sagt, dass alles, was isst, lebt und alles, was lebt, isst. Mit Qualität ist Folgendes gemeint: Die Qualität der Medizin, ist sie warm oder kalt? Die Menge ist, wenn man sich auf Geld bezieht und sagt, so und so viele Tausende, und man spricht über die Form, wenn man sagt, diese Form ist ein Dreieck oder ein Quadrat. Keine dieser Eigenschaften existierte außer durch die Macht der Schöpfung, aber vor der Schöpfung gab es sie nicht. Eine Veranschaulichung dieser Dinge wäre, wenn man an der Küste des großen Ozeans einen Trog anlegt und das Wasser des Ozeans in diesen Trog fließen lässt. Dann ist die Grenze, die diesen Trog umgibt, wie die Grenze der Schöpfung, und die

Sefer HaYashar - Das Buch der Geradlinigkeit

Kapitel Acht

Wasser, die sich im Trog befinden, sind wie die geschaffenen Dinge, während die Wasser des Ozeans wie das sind, was außerhalb der Schöpfung ist. Nun kannst du diesen Trog in so viele Teile unterteilen, wie du willst, und du wirst immer noch seine Tiefe und seine Breite erkennen, weil er begrenzt ist. Was aber die Gewässer außerhalb des begrenzten Troges betrifft, so kannst du sie weder teilen noch ihre Tiefe kennen, und du kannst mit ihnen nichts tun, wie du es mit dem Trog getan hast, denn sie haben keine Grenze und kein Limit. Nun, der Schöpfer existierte vor der Schöpfung. Wenn das so ist, dann gelten solche endlichen Maße wie Quantität, Qualität und Definition nicht für Ihn, und daher kann der Schöpfer nicht durch sie erkannt werden. Da diese Eigenschaften aber erst nach der Schöpfung existierten und vor der Schöpfung nicht existierten, können wir sagen, dass ihre Gegensätze vor der Schöpfung existierten. Denn alles hat sein Gegenteil, so wie ein erschaffenes Objekt als sein Gegenteil den Schöpfer hat. Zwischen jedem Gegenstand

Sefer HaYashar - Das Buch der Geradlinigkeit

Kapitel Acht

und seinem Gegenteil besteht ein großer Abstand. Nun können wir entweder sagen, dass diese Eigenschaften vor der Erschaffung der Welt existierten oder dass sie nicht existierten. Wenn man nun sagt, dass sie vor der Schöpfung existierten, dann gäbe es keinen Unterschied zwischen der Zeit der Schöpfung und der Zeit vor der Schöpfung, denn was vor der Schöpfung existierte, existierte auch nach der Schöpfung. Daraus müssen wir schließen, dass diese endlichen Eigenschaften vor der Schöpfung nicht existierten. Wenn du sagst, dass ihre Gegensätze nicht existierten, und selbst wenn ihre Gegensätze existierten, dann werden wir, wenn wir ernsthaft nachforschen, Definitionen finden, die die Existenz des Schöpfers für uns definieren, und zwar nicht durch die üblichen Zeichen, die seine Existenz beweisen, sondern durch andere Dinge als diese.

Nehmen wir an, ein Mensch sei von Geburt an blind und habe nie das Licht gesehen; wenn er aber weise und intelligent ist, weiß er, dass es in der Welt Licht gibt, obwohl er es nicht

Sefer HaYashar - Das Buch der Geradlinigkeit

Kapitel Acht

begreifen kann, und er weiß nicht, in welchem Zusammenhang das Licht existiert oder in welcher Form es ist - er weiß nur, dass es das Gegenteil von dem ist, was er begreifen kann. Denn mit seinen Augen kann er das Ding nicht begreifen, aber mit seinem Verstand kennt er die Kräfte des Lichts. Doch auch wenn ein anderer ihn belehrt und ihm sagt, dass es Licht gibt, wird er nicht in der Lage sein, ihm dessen Erscheinung zu vermitteln. Wenn man ihm sagt, dass die Sonne weiß, rein und strahlend ist, wird er nicht erkennen, was das ist, denn er hat in seinem Leben noch nie etwas Weißes oder Reines oder Strahlendes gesehen. Da er nie gesehen hat, was weiß, klar, strahlend und rein ist, was die Eigenschaften der Sonne und ihre Beschreibung sind, wird er nicht in der Lage sein, die Sonne zu erkennen. Wenn er aber wüsste, was ein weißes und reines Ding ist, würde er die Sonne sofort erkennen, auch wenn er sie noch nie in seinem Leben gesehen hat. Wenn das so ist, dann sollte es für dich offensichtlich sein, dass der Mangel an Wissen über die Sonne nur durch die Unfähigkeit, die

Sefer HaYashar - Das Buch der Geradlinigkeit

Kapitel Acht

Eigenschaften der Sonne zu erkennen, zustande kommt. Aber wenn er ihre Eigenschaften kennen würde, würde er die Sonne sofort erkennen. Wir wissen doch, dass alles Eigenschaften hat und dass diese seine Attribute sind, und durch diese Beschreibung kennen wir die beschriebenen Objekte. Wer aber die Beschreibungen nicht erkennt und sie sich nicht vorstellen kann, für den ist es unmöglich, sich das Wesen der Sache vorzustellen. Wenn das so ist, können wir den Schöpfer nicht begreifen, weil wir seine Eigenschaften nicht begreifen können, sie sind für uns wie Eigenschaften von ihm. Wir werden sie niemals begreifen, weil wir nichts Vergleichbares haben, denn er ist der Schöpfer und wir sind geschaffen. Er ist unkörperlich, während wir Körper haben. Er ist Einer, während wir viele sind; Er ist beständig, während wir vergehen. Wenn das so ist, dann können wir ihn nicht begreifen, denn kein Ding kann ein anderes Ding begreifen, es sei denn, es gäbe eine Art von Ähnlichkeit oder Partnerschaft zwischen ihnen - eine

Sefer HaYashar - Das Buch der Geradlinigkeit

Kapitel Acht

Ähnlichkeit, wie sie zwischen dem Auge und dem Licht besteht. Denn das Licht ist weiß und strahlend, und es hat einen glänzenden Schimmer. Diese drei Eigenschaften finden sich in der Sonne und in jeder Leuchte; daher kann das Auge das Licht aufgrund dieser Ähnlichkeit zwischen ihnen wahrnehmen. So kann die Hand nur ein Organ wahrnehmen, das ihr gleicht, denn sie ist körperlich, und zwischen einer Hand und der anderen besteht Ähnlichkeit, und die Hand kann alles wahrnehmen, was warm oder kalt ist, denn in ihr ist ein Element, das Kälte und Wärme vermischt. Denn mit der kalten Eigenschaft kann sie die Kälte spüren, und mit der warmen Eigenschaft kann sie die Wärme spüren. In ähnlicher Weise kann es alles wahrnehmen, was feucht oder trocken ist, weil es die beiden Qualitäten in sich vereint. Es ist weder sehr feucht noch sehr trocken, sondern es ist alles im Gleichgewicht. Daher kann sie mit ihrer Feuchtigkeit alles Feuchte und mit ihrer Trockenheit alles Trockene wahrnehmen. So kann die Zunge Dinge wahrnehmen, mit denen

Sefer HaYashar - Das Buch der Geradlinigkeit

Kapitel Acht

sie eine Ähnlichkeit hat. Denn die Zunge ist feucht, und deshalb kann sie alles Feuchte wahrnehmen, und wir sollten nicht sagen, dass sie das Trockene wahrnehmen kann, sondern eher, dass sie die Abwesenheit des Feuchten wahrnimmt, und unter diesem Gesichtspunkt kann sie das Trockene wahrnehmen. Die Zunge kann die verschiedenen Geschmäcker wahrnehmen. Denn sie besteht hauptsächlich aus Blut; sie ist in der Lage, das Süße zu spüren, das blutähnlich ist. Wir sagen nicht, dass sie das Bittere wahrnimmt, sondern eher, dass sie den Mangel an Süße wahrnimmt, denn sie breitet sich aus und wird feucht, wenn sie das Süße berührt, und sie zieht sich zusammen und trocknet sich aus, wenn sie das Bittere berührt, und sie nimmt den Geschmack aller fetten und öligen Speisen wahr, denn in der Zunge befindet sich etwas Öl. Sie nimmt alles Scharfe wahr, weil sie das Gegenteil von Süße in sich trägt, und in ähnlicher Weise kann das Auge Licht und Farben wahrnehmen. Zuerst nimmt es die schwarze Farbe wahr, weil sie wie es selbst (d.h. die Pupille) ist; es nimmt

Sefer HaYashar - Das Buch der Geradlinigkeit

Kapitel Acht

Weiß wahr, weil es sein (des Auges) Licht ist. Es nimmt das Rot und das Grün wahr, weil sie aus diesen beiden - dem Dunklen und dem Hellen - zusammengesetzt sind.

Da nun klar geworden ist, dass kein Ding ein anderes Ding begreifen kann, wenn nicht eine Ähnlichkeit zwischen ihnen besteht, wissen wir, dass, wenn wir eine der Beschreibungen des Schöpfers, gepriesen sei Er, begreifen könnten, zwischen uns und dieser Beschreibung eine Ähnlichkeit und eine Ähnlichkeit bestehen würde. Und wenn wir uns eine wahre Beschreibung von Ihm vorstellen könnten, dann wären wir auch in der Lage, uns Ihn vorzustellen. Es gibt keinen Unterschied zwischen Ihm und seinen Eigenschaften. In einem solchen Fall wären wir gezwungen zu sagen, dass es eine Ähnlichkeit zwischen uns und Ihm gibt. Wenn das so ist, dann ist das wahre Zeichen dafür, dass Er zu erhaben für unsere Wahrnehmung ist, dass es keine Ähnlichkeit zwischen Seinen Eigenschaften und uns gibt, denn Er ist der Schöpfer und wir sind die Geschaffenen. Er hat

Sefer HaYashar - Das Buch der Geradlinigkeit

Kapitel Acht

keinen Anfang und kein Ende, während wir einen Anfang und ein Ende haben. Er bleibt ewig bestehen, während wir vergehen. Wenn das so ist, dann gibt es keine Möglichkeit, ihn zu begreifen.

Nachdem klargestellt wurde, dass es keine Möglichkeit gibt, ihn zu begreifen, denn das Fehlen unserer Fähigkeit, all diese Eigenschaften zu erfassen, ist ein Zeichen dafür, dass sie im Schöpfer zu finden sind (hebr. emendiert), denn das Fehlen jeglichen Wissens über seine Existenz setzt immer noch voraus, dass er existiert. Genauso wie ein Konzept für seine Existenz beweisen würde, dass er nicht existiert. Denn wenn wir in der Lage wären, uns eine Vorstellung von Ihm zu machen, dann wäre Seine Existenz wie unsere Existenz, die vergänglich, vorübergehend und vergänglich ist. Wenn das so ist, dann muss Seine Existenz das Gegenteil unserer Existenz sein. Wenn das so ist, dann müssen wir sagen, dass jede Vorstellung Seiner Existenz eine wahre Existenz sein muss, und nachdem klar geworden ist, dass Seine Existenz von unserer

Sefer HaYashar - Das Buch der Geradlinigkeit

Kapitel Acht

Vernunft nicht erfasst werden kann, müssen wir glauben, dass dies der eigentliche Beweis für Seine Existenz ist. Da seine Weisheit für uns zu erhaben ist, sagen wir, dass dies ein klarer Beweis für die wahre Weisheit ist, die in ihm ist. Da sein Wesen unseren Kräften verborgen ist, sagen wir, dass dies der wahre Beweis für sein Wesen ist. Denn das Fehlen unserer Fähigkeit, all diese Eigenschaften zu erfassen, ist ein Zeichen dafür, dass sie im Schöpfer zu finden sind. Wenn wir sie uns vorstellen könnten, wäre das ein Beweis dafür, dass sie fehlen. Was immer wir (von G-tt) begreifen, ist (in Wirklichkeit) das Fehlen (dieser Eigenschaft). (Denn alles, was unsere Wahrnehmung aus dem Nichts zu erfassen vermag, endet in der Rückkehr zum Nichts. Der Schöpfer ist von diesem Geschehen weit entfernt.

Wenn wir die Eigenschaften und Kräfte des Schöpfers, gesegnet sei Er, kennenlernen wollen, dann sei gesagt, dass der Schöpfer die Gesamtheit von allem ist, und Seine Einheit schließt Seine Beschreibung, Kräfte und

Sefer HaYashar - Das Buch der Geradlinigkeit

<u>Kapitel Acht</u>

Eigenschaften ein. Wenn dies wahr ist, dann ist es für uns nicht notwendig, irgendetwas außer Seiner Existenz zu erforschen. Denn wenn ein Mensch die Gesamtheit von irgendetwas erforscht und sie kennt, ist es nicht notwendig, die Einzelheiten zu erforschen, die darin enthalten sind. Denn wenn er das Ganze kennt, kennt er auch die Teile. So ist es auch bei der Erörterung des Schöpfers. Nachdem wir mit einem allumfassenden Wort gesagt haben, dass Er Einer ist, mit einer Einheit, die wir uns nicht vorstellen können, sagen wir, dass diese Einheit Seine Existenz, Weisheit, Macht, Ewigkeit und alle Eigenschaften umfasst, die Ihm angemessen sind. Wir sind gezwungen, an seine Einheit zu glauben, weil diese Eigenschaft uns davon abhält zu glauben, dass er teilbar oder viele ist.

Sefer HaYashar - Das Buch der Geradlinigkeit

Kapitel Neun

Sefer HaYashar

Das Buch der Geradlinigkeit

von Rabbeinu Tam

Kapitel Neun

Über die Zeichen des Willens des Schöpfers und darüber, wie ein Mensch erkennen kann, dass er in den Augen seines G-ttes Gunst gefunden hat und ob G-tt seine Taten angenommen hat

Wisse, dass jeder, der wissen will, ob sein G-tt Wohlgefallen an ihm hat, in sich selbst, wie wir gesagt haben, seine Verdienste und Mängel abwägen soll. Wenn er sieht, daß er sich mehr zu bösen Begierden und zum Streben nach Reichtum, zur Begierde nach Frauen, zu unmoralischem Gewinn, zu Raub und Vergnügungen neigt als zum Dienst an G-tt und zum Gebet, zur Nächstenliebe und zu guten Taten, so soll er wissen, daß er böse ist und daß G-tt sein Tun nicht annimmt. Neigt er

Sefer HaYashar - Das Buch der Geradlinigkeit

Kapitel Neun

aber mehr zu guten Taten als zu schlechten, so soll er wissen, daß er für das Gute bekannt ist. Wenn ein Mensch eine gute Tat tun oder ein Gebot erfüllen will und diese Tat in greifbarer Nähe ist und nichts ihn davon abhält, diese Tat zu tun, dann soll er wissen, daß er in den Augen seines G-ttes Gnade gefunden hat. Wenn er aber sieht, dass, wenn er etwas Sündhaftes tun will, nichts geschieht, was ihn daran hindert, und dass, wenn er eine gute Tat tun oder ein Gebot befolgen will, es Dinge gibt, die ihn daran hindern, dann soll er wissen, dass der Schöpfer ihn ablehnt und seine Taten nicht liebt. Es heißt (Jesaja 1,15): "Und wenn du deine Hände ausstreckst, will ich meine Augen vor dir verbergen.

Wenn aber ein Mensch von Leiden, Krankheit und Schwierigkeiten heimgesucht wird oder wenn er aus seinem Land vertrieben wird, dann soll er wissen, dass der Schöpfer ihn liebt und ihn korrigiert, wie ein Mann seinen Sohn korrigiert. Wenn er aber sieht, dass er ruhig und zuversichtlich ist, ohne Leiden und Krankheiten, und dass er in Frieden bleibt und

Sefer HaYashar - Das Buch der Geradlinigkeit

Kapitel Neun

keine Prüfungen über ihn kommen, dann soll er wissen, dass der Schöpfer ihn nicht liebt. Und wenn er sieht, dass sein Herz verhärtet und lieblos ist, oder dass er nicht fastet, um des Tages des Gerichts zu gedenken, und dass er, wenn er Menschen sterben sieht, in seinem Herzen nicht über den Tag des Todes nachdenkt, so ist dies ein großes Zeichen dafür, dass "ihre Augen beschmutzt sind, damit sie, mit den Augen sehend und mit den Ohren hörend und mit dem Herzen verstehend, nicht umkehren und geheilt werden." Wenn ein böses Urteil gegen das Volk einer Stadt oder eines Volkes vollstreckt wird und er entkommt, soll er wissen, dass der Schöpfer ihn liebt und seine Überlegenheit über die anderen gezeigt hat. Ebenso, wenn die Menschen der Stadt oder eines Volkes ganz und gar böse sind und in der Verstocktheit ihres Herzens wandeln, während diesem Mann die Augen geöffnet werden und er sich aus seinem Schlaf erhebt und sich nicht zu diesen bösen Menschen wendet, sondern sich beeilt, vollkommene Buße zu tun, so ist dies ein

Sefer HaYashar - Das Buch der Geradlinigkeit

Kapitel Neun

Zeichen des Willens seines G-ttes, dass er in seinen Augen Gnade gefunden hat. Ähnlich ist es, wenn er in seinen bösen Taten extrem war und alles getan hat, was G-tt verabscheut, und seinen G-tt erzürnt hat, aber danach aufgestanden ist und alle seine bösen Taten aufgegeben hat und alles Böse aus seinem Herzen entfernt hat, ohne Furcht, außer der Furcht vor seinem G-tt, Das ist ein großes Zeichen der Liebe des Schöpfers, gepriesen sei Er, und dass Er sich seiner erbarmt, weil er das steinerne Herz aus seinem Fleisch entfernt hat, und G-tt hat ihm ein fleischernes Herz gegeben, und Seinen Geist hat Er in ihn hineingegeben. Es gibt kein größeres Gut als dieses! Ähnlich ist es, wenn Krankheit über einen Menschen kommt und er an die Pforte des Todes gelangt und danach verschont wird, das ist ein Zeichen der Liebe des Schöpfers, gepriesen sei Er, und dass Er sich seiner erbarmt hat und ihn warnen wollte, damit er sich von seinem Übel abwendet. Wenn aber ein Mensch Lästerungen begeht und im fortgeschrittenen Alter ist und immer noch

Sefer HaYashar - Das Buch der Geradlinigkeit

<u>Kapitel Neun</u>

nicht umkehrt, sondern an seiner Schlechtigkeit festhält, und wenn er im Alter fortschreitet und älter wird, seine Begierden sich immer wieder erneuern, er anfängt, Häuser zu bauen und viel Handel zu treiben und Geld durch Raub anzuhäufen, mehr als in den Tagen seiner Jugend, so ist dies ein großes Zeichen, dass der Schöpfer ihn ablehnt und ihn deshalb nicht zur Umkehr aufruft und ihn nicht korrigiert. Er lässt ihn in der Verstocktheit seines Herzens fortfahren, wie es heißt (Psalm 81,13): "So ließ ich sie in der Verstocktheit ihres Herzens fortfahren, damit sie in ihren eigenen Plänen wandelten." Ähnlich ist es, wenn ein Mensch Almosen gibt oder ein Gebot erfüllt und es dann bereut, umso mehr, wenn er sich sehr angestrengt hat, um das Gebot zu erfüllen, und wenn er es dann verabscheut, nachdem er es getan hat, dann ist das ein großes Zeichen dafür, dass das Herz seines G-ttes nicht auf ihn gerichtet ist und dass er keine Gunst in seinen Augen findet und dass all seine Anstrengung vergeblich war. Dasselbe gilt, wenn er eine Sünde begeht und sie vollendet

Sefer HaYashar - Das Buch der Geradlinigkeit

Kapitel Neun

und sich sehr darüber freut und keine Reue darüber empfindet, dass er sie getan hat, aber den Wunsch hat, sie ein zweites Mal zu tun, dann ist das ein Zeichen dafür, dass der Schöpfer, gepriesen sei Er, sein Gesicht von ihm abgewandt hat.

Wenn er aber ein Gebot der Thora erfüllt und sich darüber freut, weil er es tun konnte, auch wenn das Gebot vielleicht leicht zu erfüllen war, oder wenn er sich bei der Erfüllung des Gebots angestrengt hat und sehr glücklich darüber war, dass er sich angestrengt hat, und es war sehr süß für seinen Gaumen, so wie die Ruhe für den Narren süß ist, dann ist das ein Zeichen, dass der Schöpfer ihn liebt. Ähnlich ist es, wenn er die Worte G-ttes hört und sein Herz besänftigt und sehr ängstlich ist und weiß, dass er ein böser Mensch ist, dann gibt es Hoffnung für sein endgültiges Ende, dass er Buße tun wird, denn der Geist der G-ttesfurcht ist in seinem Herzen aufbewahrt. Daher wissen wir, dass, wenn die Begierde, die die Augen verblendet, schwach wird oder wenn er ein hohes Alter erreicht, diese Furcht, die in

Sefer HaYashar - Das Buch der Geradlinigkeit

Kapitel Neun

seinem Herzen verborgen ist, geweckt wird, und daher ist dies ein Zeichen dafür, dass der Schöpfer zumindest ein wenig Liebe für ihn hat. Um bei diesem Thema zu bleiben, sollte sich jeder intelligente Mensch in diesen Waagen, die wir ins Gedächtnis gerufen haben, wiegen. Wenn er daraus erkennt, dass der Schöpfer ihn ablehnt, dann sollen seine Tränen wie ein Strom auf das Übel seines Schicksals und auf sein trauriges Ende fallen. Wenn er aus ihnen erkennt, dass der Schöpfer ihn liebt, soll er sich freuen und sagen: "Glücklich bin ich, wie gut ist mein Anteil und wie schön ist mein Los", und er soll sich beeilen, die Liebe zu wecken und zu schüren, soweit er dazu in der Lage ist.

Sefer HaYashar - Das Buch der Geradlinigkeit

Kapitel Zehn

Sefer HaYashar

Das Buch der Geradlinigkeit

von Rabbeinu Tam

Kapitel Zehn

Über die Reue

Wisse, dass die vollständige Reue eines Gottlosen ihn von all seinen Sünden reinigt, und er wird wie ein neugeborenes Kind sein. Wie der Säugling an allen Sünden unschuldig ist, aber keinerlei Verdienst hat, so ist der Gottlose, wenn er Buße tut, an allen seinen Sünden unschuldig, und er wird von der Strafe des Schöpfers verschont, aber er hat keine Verdienste. Deshalb ist er den Gerechten nicht gleichgestellt, die rein sind und in all ihren Tagen nie eine Sünde begangen haben. Genauso unmöglich wäre es bei zwei Männern, die dem König gedient haben. Der eine war treu, und man hat nie etwas

Sefer HaYashar - Das Buch der Geradlinigkeit

Kapitel Zehn

Ungebührliches an ihm gefunden, während der andere sich gegen den König verschworen hat und ihn erzürnte und sich gegen ihn auflehnte. Danach demütigte er sich vor ihm und gab seine Sünde zu, so wie es Schimi ben Gera tat, als er vor König David, dem Gesegneten, niederfiel. Selbst wenn der König ihm verzeihen würde, wäre seine Tugend in den Augen des Königs natürlich nicht so groß wie die seines treuen Dieners. Die Logik sagt uns, dass Menassa ben Hiskia zwar Buße tat, eine Buße, wie sie kein anderer Mensch je getan hat, und seine Seele in Demut in seinem Dienst für G-.tt in all seinen Tagen sehr betrübte, aber dennoch nicht die Höhe von Mose, unserem Lehrer, seligen Andenkens, erreichte. Er erreichte auch nicht die Höhe von David, dem König von Israel, der von Jugend an g-ttesfürchtig war.

Zu dem, was unsere Weisen seligen Andenkens sagten (Berakhot 34b): "An dem Ort, an dem die Reumütigen stehen, können die vollkommen Gerechten nicht stehen", sagten sie die Wahrheit. Denn es ist

Sefer HaYashar - Das Buch der Geradlinigkeit

Kapitel Zehn

offensichtlich, dass die Gerechten und die Zwischenmenschen jeweils einen erhabenen Platz in der Nähe des Schöpfers, gepriesen sei Er, haben. Deshalb sagten unsere Weisen seligen Angedenkens, dass die Gerechten nicht dort stehen, wo die Reumütigen sind: Sie meinten, dass ihr Platz nicht bei den Reumütigen ist, sondern an einem anderen Ort. Es gibt noch eine andere Bedeutung, nämlich die, dass der Schöpfer um der Reumütigen willen mehr tun wird als um der Gerechten willen, so wie Er es um des Volkes von Ninive willen getan hat und wie Er es um Ahab willen getan hat, mit dem er sehr geduldig war, und all das, damit der Schöpfer den Bösen Seine Liebe zu den Reumütigen zeigen kann. Dies ist ein Beispiel dafür, dass Er den Reumütigen die Hand entgegenstreckt, damit sie ihr Böses bereuen, und aus diesem Grund wird Er zuweilen Wunder für die Reumütigen tun, wie Er es für die Gerechten nicht tun würde. Nicht weil die Tugend der Reumütigen so groß wäre wie die der Gerechten, sondern weil die Reumütigen, wenn der Schöpfer sie nicht

Sefer HaYashar - Das Buch der Geradlinigkeit

Kapitel Zehn

aufnimmt und ihnen seine Liebe nicht zeigt, sofort wieder zu ihren bösen Wegen zurückkehren werden. Was aber den Gerechten betrifft, so offenbart er ihm seine Liebe nicht, weil der Schöpfer sein Herz kennt, denn er weiß um die Lauterkeit seines Herzens, und der Gerechte wird G-tt nicht lästern oder zornig sein, weil er mit seinen Urteilen hadert. Ein Gleichnis zu diesem Thema wäre ein König, der zwei Diener hat, einen treuen und einen Schmeichler, und der Schmeichler erzürnte den König und tat ihm allerlei Böses an, so viel Böses, wie er konnte, und der König wurde zornig über ihn und warf ihn aus seiner Gegenwart hinaus. Daraufhin kehrte der Schmeichler zurück, um das Wohlwollen des Königs zu suchen, und er fiel ihm zu Füßen, und der König hatte Mitleid mit ihm und nahm ihn auf. Eines Tages richtete der treue Diener eine Bitte an den König, und der Schmeichler richtete eine andere Bitte an ihn, und der König befahl, der Bitte des Schmeichlers stattzugeben, und gab der Bitte des treuen Dieners nicht statt, weil er das ehrliche Herz

Sefer HaYashar - Das Buch der Geradlinigkeit

Kapitel Zehn

seines treuen Dieners kannte und wusste, dass sein treuer Diener die abgelehnte Bitte nicht als etwas Böses ansehen würde und dass der treue Diener sich nicht vorwerfen würde, treu zu sein. Was den Schmeichler anbelangt, so wusste der König, dass er, wenn er seine Bitte nicht erfüllte, zu seiner ursprünglichen Bosheit zurückkehren und die Ablehnung des Königs für böse halten würde, und in seinem bösen Herzen würde er bereuen, dass er seinem König gedient hatte, und er würde zu seinen Gefährten sagen: "Es ist nicht angemessen, einem solchen König zu dienen, denn ich habe ihn um eine einfache Sache gebeten, und er hat sie nicht erfüllt. Wie kann man ihm dann vertrauen?" Das ist der Weg des Schöpfers mit den Reumütigen. Hier ist eine andere Interpretation, und sie ist die richtige. Es gibt reumütige Menschen, deren Herz so aufrichtig ist wie das der Gerechten und derer, die als Gerechte bezeichnet werden. Am Anfang waren sie vollkommen rechtschaffen, und sie haben sich geirrt, oder es ist passiert, dass sie gesündigt haben, ihre böse Neigung war

Sefer HaYashar - Das Buch der Geradlinigkeit

Kapitel Zehn

stärker als ihre gute Neigung. Danach kehrten sie zu ihrer ursprünglichen Rechtschaffenheit zurück. Ihre Gerechtigkeit und ihr Dienst an G-tt wurden verdoppelt, weil sie ihre Sünde, die sie begangen hatten, sühnen wollten, und diese sind geehrter als die Gerechten, denn ihre Gerechtigkeit ist doppelt so groß wie die der Gerechten, die nie gesündigt haben. Davon kann man sagen: "An dem Ort, an dem die Bußfertigen stehen, können die vollkommen Gerechten nicht stehen.

Wisse, dass es acht Gelegenheiten gibt, in denen ein Mensch Buße tun kann

Erstens, unmittelbar nachdem er eine Sünde begangen hat.

Zweitens, nachdem er in seinem bösen Verhalten verharrt hat.

Drittens, wenn das Objekt seiner Begierde außerhalb seiner Reichweite liegt.

Viertens, wenn er krank ist.

Fünftens, wenn er sich in großer Not, in Belagerung oder in der Hand seines Feindes befindet.

Sefer HaYashar - Das Buch der Geradlinigkeit

Kapitel Zehn

Sechstens, wenn er jemanden findet, der ihn lehren und warnen kann.

Siebtens, im Alter, wenn die Kräfte nachlassen

Acht, in der Stunde des Todes.

Die beste dieser Gelegenheiten ist die erste, die wir erwähnt haben. Das ist die Reue des Gerechten, von dem es heißt: "Wo der Reuige steht, kann der ganz Gerechte nicht stehen." Von geringerem Wert als die erste ist die zweite, wenn er lange in seiner Schlechtigkeit verweilt hat und danach aufgewacht ist und aus seinem Schlaf erwacht ist und wusste, dass er in der Finsternis war, und er schnell geeilt ist und sein Herz gereinigt hat, um das aufzubauen, was er ruiniert hatte. Weniger wertvoll als die zweite ist die dritte, wenn ein Mensch seine Wünsche nicht verwirklichen kann. Er bereut und schämt sich. Doch trotz alledem wird G-tt ihn in seinen Dienst aufnehmen. Der vierte Anlass ist, wenn ein Mensch krank ist. Dann ist er demütig, gibt Almosen, bittet den Schöpfer und legt ein Gelübde ab, und wenn er geheilt ist, erfüllt er einige seiner Verpflichtungen, aber nicht alle.

Sefer HaYashar - Das Buch der Geradlinigkeit

Kapitel Zehn

Aber wenn er dies tut, wird er angenommen. Weniger wert als das vierte ist das fünfte. Wenn er in die Hände seiner Feinde fällt, dann kehrt er aus der Vielzahl seiner Schwierigkeiten, die ihn umgeben, zum Schöpfer zurück, und trotz alledem, wenn seine Reue vollständig ist, wird er aufgenommen. Das sechste Mal: wenn er zufällig auf einen frommen Mann trifft, der ihn die Wege der Reue lehrt und ihn an ihre Wege gewöhnt. Die siebte Gelegenheit: wenn ein Mensch im fortgeschrittenen Alter ist und seine Kräfte nachlassen und er seine Vergnügungen erreichen will, aber nicht kann, weil seine Kräfte verbraucht sind, und dann kehrt er zum Schöpfer zurück. Die achte Gelegenheit: wenn ein Mensch alles Böse tut, was er kann, aber wenn er dem Tod nahe ist, tut er Buße, und wenn seine Buße vollständig ist, wird sie trotzdem angenommen.

Dies ist die allgemeine Regel: Es gibt keine Stunde im Leben des Menschen, in der nicht seine vollständige Reue angenommen und sein Gebet erhört wird. Der Schöpfer ist nicht wie

Sefer HaYashar - Das Buch der Geradlinigkeit

Kapitel Zehn

die Geschöpfe, die ewig aufgeben oder ewig zürnen können, wie es heißt (Jesaja 57,16): "Denn ich will nicht ewig streiten, und ich will nicht ewig zürnen." Und wie es heißt (Jeremia 3,12): "Denn ich bin barmherzig, spricht der Herr, ich will nicht ewig zürnen." Und zu diesem Thema heißt es (Jesaja 55,6): "Suchet den Herrn, solange er zu finden ist", d.h. zu den Zeiten, in denen er zu finden ist, oder mit anderen Worten, solange der Mensch lebt.

Wisse, dass die Welt aus vier Grundelementen geschaffen wurde. Sie sind die Säulen des Menschen, und alles hängt von ihnen ab, und sie sind: Feuer und Wasser, Luft und Erde. So wie aus diesen körperlichen Elementen die physischen Teile sich umarmen und verflechten, so ist die Reue die Säule der Welt, und alles hängt von ihr ab. Und die Reue besteht aus vier Dingen: dass der Sünder seine Sünde aufgibt und sie ganz verlässt, dass er bereut, was er getan hat, dass er vor seinem Schöpfer bezeugt, dass er nicht zurückkehren wird, um das zu tun, was er getan hat, und dass er mit seinen Lippen alles bekennt, was er

Sefer HaYashar - Das Buch der Geradlinigkeit

Kapitel Zehn

getan hat. Und von diesen ist das Verlassen der Sünde die erste und wichtigste. Dies ist wie das Feuer, das nach oben steigt und von seinem Ort getrennt wird und nicht mehr zurückkehrt. Der zweite Akt der Reue ist, dass er alles, was er getan hat, bereut und seine Sünden alle Tage beweint und immer an sie denkt, wie die Luft, die die Erde umgibt, immer. Der dritte Akt der Reue besteht darin, dass er vor seinem Schöpfer bezeugt, dass er niemals zu seinen Sünden zurückkehren wird, wie das Wasser, das zur Erde fließt und niemals gesammelt wird. Der vierte Akt der Reue besteht darin, dass er seine Sünde mit der Demut seiner Seele bekennt und sich demütigt und unterwirft wie der Staub, der der Weg für seine Fußsohlen ist. Er soll wissen, dass derjenige, der diese vier Dinge tut, vier Wohltaten als Lohn erhalten wird: Der erste ist, dass er in der Welt einen guten Ruf haben wird. Der zweite ist, dass er der Strafe des Schöpfers entgeht. Der dritte ist, dass sein gutes Teil auf seine Nachkommen übergehen wird. Der vierte ist, dass er seinen Lohn in der kommenden Welt erhalten wird.

Sefer HaYashar - Das Buch der Geradlinigkeit

<u>Kapitel Zehn</u>

Er wird es verdienen, das Antlitz des Schöpfers zu sehen, gepriesen sei Er.

Was die Reue betrifft, die ein Mensch tut, so soll er nicht denken, dass ihm in dem Augenblick, in dem er bereut und die Verpflichtung auf sich nimmt, nicht zu seiner Sünde zurückzukehren, seine Sünde vergeben wird; sondern erst nach einer gewissen Zeit, in der er G-tt dient, wird seine Reue angenommen werden. Denn das Herz wird nicht in einem oder zwei Tagen gedemütigt, sondern in vielen Tagen. So wie bei einem Königssohn, der sich gegen den König versündigt. Auch wenn der König Mitleid mit ihm hat und ihm Gutes tun will, wird er ihm kein freundliches Antlitz zeigen, es sei denn nach einer langen Zeit der Trübsal und des Schreiens und Weinens, wie es der König David, seligen Andenkens, im Falle Absaloms tat. Obwohl er einwilligte, ihn nach Jerusalem zurückzubringen, wartete Absalom zwei Jahre lang und sah das Antlitz des Königs nicht, bis sein Herz völlig besänftigt war. Das ist der Weg des Reumütigen, viele Tage lang zu flehen und zu

Sefer HaYashar - Das Buch der Geradlinigkeit

Kapitel Zehn

schreien, und dann wird seine Reue angenommen, wie es heißt (Psalm 22,3): "O mein G-tt, ich rufe bei Tag, aber Du antwortest nicht; und in der Nacht gibt es keine Ruhe für mich." Und wie der Prophet Habakuk klagte (1,2): "Wie lange, Herr, soll ich schreien, und Du willst nicht hören?" Die Propheten werden nicht erhört, es sei denn, sie haben viel Kummer, Flehen, Schreien und Bitten, und das gilt erst recht für einen Menschen, der sündigt und böse handelt, selbst wenn er mitten im Kummer ist. Die Ursache dafür ist die Notwendigkeit, das Herz zu reinigen, denn auch wenn das Herz eine aufrichtige Absicht hat, ist es notwendig, es viele Tage lang durch intensiven Dienst an G-tt, durch Selbstkasteiung, Fasten und Weinen zu zügeln; dann wird das unbeschnittene Herz gedemütigt werden. Wenn es gedemütigt ist, wird es rein sein, und wenn es rein ist, wird der Schöpfer es annehmen, wie es heißt (Hiob, 13:16): "Ein Heuchler kann nicht vor ihn treten." Und wie es heißt (Psalm 24,3): "Wer wird hinaufsteigen auf den Berg des Herrn und

Sefer HaYashar - Das Buch der Geradlinigkeit

<u>Kapitel Zehn</u>

wer wird stehen an seiner heiligen Stätte? Derjenige, der reine Hände und ein reines Herz hat.

Sefer HaYashar

Das Buch der Geradlinigkeit
von Rabbeinu Tam

Kapitel Elf

Über die Tugenden der Gerechten

Wir wissen, dass der Schöpfer einer ist und die Geschöpfe viele sind. Je weiter die Geschöpfe vom Schöpfer entfernt sind, desto mehr vermehren sie sich, während die, die dem Schöpfer nahe sind, weniger sind. Genauso wie es viele Zweige gibt, während der Hauptzweig einer ist. Je weiter die Zweige vom Stamm entfernt sind, desto mehr vermehren sie sich und verflechten sich, während die Zweige, die dem Stamm näher sind, weniger sind.

Wisse, dass die Geschöpfe viele sind und dass über ihnen allen die Seele, die Vernunft und das Wissen stehen, und sie sind drei. Über ihnen ist der Wille. Darüber ist die erste

Sefer HaYashar - Das Buch der Geradlinigkeit

Kapitel Elf

Ursache47, und das ist der Schöpfer. Deshalb sind die Bösen viele, je nach ihrer Entfernung vom Schöpfer, gepriesen sei Er. Die Gerechten sind wenige, weil sie G-tt nahe sind, und diejenigen, die zwischen den Gerechten und den Bösen stehen, sind in der Mitte. Deshalb sollte ein Mensch versuchen, durch Werke der Gerechtigkeit zu den wenigen zu gehören, denn je kleiner die Gruppe ist, desto mehr ist es ein Zeichen ihrer Tugend und ihrer Nähe zum Schöpfer. Beachtet dieses Kapitel genau und versteht es.

Sefer HaYashar

Das Buch der Geradlinigkeit

von Rabbeinu Tam

Kapitel Zwölf

Über die Geheimnisse der kommenden Welt

Die kommende Welt liegt jenseits der himmlischen Sphären, die über uns kreisen. Die zukünftige Welt ist weit und endlos, ohne Dunkelheit, aber mit einem großen Licht, das dem Licht dieser Welt nicht ähnlich ist. Es gibt kein Oben oder Unten, und diese himmlischen Räder sind eine Trennwand zwischen dieser Welt und der zukünftigen Welt. Diese Welt ist wie eine Höhle in der Wüste, eine Höhle unter der Erde, und was diese Höhle betrifft, so denkt derjenige, der in ihr wohnt, dass es keine andere Welt außer dieser gibt. Denn er hat nicht gesehen, was draußen ist. Wenn er aber herauskäme, sähe er weite Länder, den Himmel und das große Meer, die

Sefer HaYashar - Das Buch der Geradlinigkeit

<u>Kapitel Zwölf</u>

Himmelskörper und die Sterne. Ähnlich denkt ein Mensch in dieser Welt, dass es keine andere Welt gibt, aber wenn er aus seiner Höhle herauskäme, würde er die Weite der kommenden Welt und die kostbare Schönheit ihrer Größe sehen.

Wisse, dass der Schöpfer die Seele aus seiner eigenen Kraft hervorgehen ließ, und er hauchte sie in den Körper des Menschen ein, nachdem er ihn in diese Welt inmitten dieser himmlischen Räder gebracht hatte, so wie die Menschen die Luft in eine Hautflasche einschließen. Wenn die Seele sich also vom Körper trennt, kehrt sie, wenn sie fromm und rein ist, an ihren Platz zurück und geht von den himmlischen Rädern ins Jenseits über, wie ein Vogel, der in einer bösen Falle gefangen ist. Wenn er entkommt, kehrt er in sein Nest zurück. Wenn die Seele aber sündig ist, dann ist sie wie ein Vogel, dem man die Flügel abgeschnitten hat, und er kann nicht fliegen. Sie nistet in der Seite des Schlundes einer Grube. Sie fällt in einen tiefen Abgrund und kann aus diesem Abgrund nicht

Sefer HaYashar - Das Buch der Geradlinigkeit

Kapitel Zwölf

herauskommen, bis ihr Flügel wachsen und sie fliegen kann. So kann die sündige Seele nicht aufsteigen, weil das Gewicht der Sünden sie belastet und es ihr nicht erlaubt, zu ihrem Platz aufzusteigen.

Wisse, dass die kommende Welt der Ort der Seelen der Gerechten ist, und ihre Nähe zum Schöpfer entspricht ihrer Tugend. Aber die Seele der Bösen geht nicht aus dieser Welt, bis sie bestraft und gereinigt ist; dann kann sie leicht an ihren Platz aufsteigen, wenn G-tt es will. Was die Seelen betrifft, die in die kommende Welt aufsteigen, so ist ihre Arbeit die Arbeit der Engel in der Zeit, in der sie sich vom Körper trennen, bis der Schöpfer sie wieder in ihren Körper zurückversetzen will, wie es am Anfang war. Das wird zur Zeit der Auferstehung der Toten sein, wenn er anordnet, dass einige von ihnen in ihre Körper zurückkehren dürfen. Dann wird diese Welt erneuert werden, weil ihre Menschen erneuert werden, und dazu sagt der Prophet (Jesaja 65,17): "Denn siehe, ich schaffe einen neuen Himmel und eine neue Erde." Und es ist

Sefer HaYashar - Das Buch der Geradlinigkeit

Kapitel Zwölf

möglich, dass, nachdem der Schöpfer die Körper erneuert hat, nachdem sie sich getrennt haben und verwest sind, und die Seelen, nachdem sie aufgestiegen sind, auch im Himmel eine Kraft erneuert wird, die der Himmel jetzt nicht besitzt. So wird er auch auf der Erde eine andere Kraft erneuern. So wie ein König, wenn er ein großes Fest für die Menschen, die ihn lieben, geben will. Er befiehlt, das Haus für sie leer zu räumen und alles, was sich im Haus befindet, zu entfernen, um es zu erneuern, zu verputzen und darin herrliche Gegenstände zu Ehren seiner Verbündeten, die zu seinem Fest kommen, aufzustellen. Diese Welt, die er zur Zeit der Auferstehung erneuern wird, wird auch die kommende Welt genannt. Dort werden die Frommen und Heiligen.

G-ttes stehen, ein jeder aus dem Wunsch heraus, zu stehen und Ihm zu dienen und Seinen Namen zu preisen und neue und heilige Weisheiten zu lernen, wie die Weisheiten der Prophezeiungen und ähnliche Dinge. Sie werden weder essen noch trinken, so wie

Sefer HaYashar - Das Buch der Geradlinigkeit

Kapitel Zwölf

Henoch und Elia vor Ihm standen, ohne zu essen und zu trinken, und wie Mose, unser Lehrer, seligen Andenkens, der vierzig Tage vor Ihm stand, ohne zu essen und zu trinken. Denn Essen und Trinken ist eine schlechte Mischung für den Körper, und es ist unmöglich, dass ein Mensch im höchsten Grad der Frömmigkeit und Heiligkeit ist, wenn er noch isst und trinkt. Denn es handelt sich nicht um Essen und Trinken allein, sondern der Mensch wird dadurch zu anderen und bösen Vergnügungen und süßen Genüssen, Vergnügungen und Schmeicheleien hingezogen. Wenn aber das Essen und Trinken wegfällt, dann fallen auch alle diese bösen Taten weg, und deshalb sagt die Schrift (Hesekiel 36,27): "Und ich will meinen Geist in euch legen.

Wenn jemand sagt, dass es für einen Körper unmöglich ist, ohne Essen und Trinken zu existieren, werden wir ihm sagen, dass alles, was mit der Erlösung zu tun hat, auf wundersame Weise geschehen wird, zum Beispiel die Erneuerung von Himmel und Erde

Sefer HaYashar - Das Buch der Geradlinigkeit

Kapitel Zwölf

und als weiteres Beispiel die Auferstehung der Toten. Wie wir wissen, gibt es im Körper keine Kraft, die ihn nach seinem Tod zum Leben erwecken kann (so wie es nicht in der Macht eines wachsenden Dinges liegt, sich zu erneuern, nachdem es verbrannt wurde), außer durch die Wunder des Schöpfers, gepriesen sei Er. In ähnlicher Weise kann der Schöpfer aus drei Gründen bewirken, dass Körper ohne Essen und Trinken existieren. Erstens, damit ihre Heiligkeit so vollkommen ist wie die der Engel. Zweitens, um zwischen den bösen Taten zu unterscheiden, die aus dem Essen und Trinken folgen. Drittens, damit sie nicht sterben, denn die Ursache des Todes ist Essen und Trinken. Dies ist die große Überlegenheit der Tage des Messias gegenüber der Zeit des Auszugs aus Ägypten. Wenn dies geschehen wird, möchte ich sagen, dass es kein Essen und Trinken mehr geben wird, und das wird eine Ursache dafür sein, dass sie nicht sterben werden. Es wird nichts geben, was den Körper schwächt, was ihn krank macht, was ihm Schmerzen bereitet oder was ihn verfallen

Sefer HaYashar - Das Buch der Geradlinigkeit

Kapitel Zwölf

lässt. Denn so wie die Gesundheit von maßvollem Essen und Trinken kommt, so kommen Krankheit und Tod entweder von zu viel oder zu wenig Essen und Trinken oder von einer Veränderung des richtigen Gleichgewichts von Essen und Trinken. Nachdem die Ursache von Krankheit und Tod beseitigt ist, werden die Körper wie die Engel sein, bis der Schöpfer, gepriesen sei Er, sie aufsteigen lassen will.

Sefer HaYashar - Das Buch der Geradlinigkeit

Kapitel Dreizehn

Sefer HaYashar

Das Buch der Geradlinigkeit
von Rabbeinu Tam

Kapitel Dreizehn

Über den Dienst an G-tt

Jeder, der kommt, um G-tt anzubeten und das Joch der Furcht vor Ihm in Wahrheit auf sich zu nehmen, muss zuerst ein Buch haben, das die Erinnerung an die Wunder des Schöpfers, gesegnet sei Er, die Furcht vor Ihm und die Macht von Ihm enthält, und dieses Buch sollte auch jene Dinge enthalten, die an die Bestrafung der Bösen durch den Schöpfer, gesegnet sei Er, seine Wunder an den Gerechten und die Geschichte seiner mächtigen und ehrfurchtgebietenden Taten erinnern. Wie zum Beispiel, wenn G-tt zu Hiob spricht und sagt (38:3): "Gürte nun deine Lenden wie ein Mann; denn ich will von dir

Sefer HaYashar - Das Buch der Geradlinigkeit

Kapitel Dreizehn

fordern und du sollst mir berichten", und alle folgenden Verse. Er sollte immer wieder zu diesem Buch zurückkehren und seinen Willen mit einem Schwur bekräftigen, es einmal in der Woche in aller Ruhe und mit Konzentration zu lesen. Er sollte allen darin enthaltenen Dingen große Aufmerksamkeit schenken, denn es wird wie ein Tefillin zwischen seinen Augen sein. Es ist notwendig, dass der Anbeter, bevor er sich G-tt nähert, alle Sünden, die er begangen hat, vollständig bereut, und dann wird sein Dienst wahrhaftig sein, denn der Dienst G-ttes ist in zwei Teile geteilt. Der erste besteht darin, dass der Mensch sein Herz von all seinen Übertretungen und von den vorsätzlichen Sünden, die er begangen hat, reinigt. Und dass er seinen Glauben verbessert und dass sein Herz rein wird von all der Schlacke der Sünden, die er begangen hat, und wenn er rein ist und sich in klarem Wasser wäscht und gereinigt wird, dann soll er die Kleider der Heiligkeit anziehen, um in der Heiligkeit zu dienen, und dann wird er fähig sein, auf den Wegen der Frommen zu wandeln und sich G-

Sefer HaYashar - Das Buch der Geradlinigkeit

Kapitel Dreizehn

tt zu nähern. Dies ist der zweite Teil der Ziele der Anbetung, die kein Mensch erreichen kann, bevor er nicht den ersten Teil erreicht hat. Nun werde ich jedes einzelne von ihnen besprechen.

Wisse, dass der erste Teil darin besteht, dass der Mensch seine Taten bereut und sich vor Augen hält, dass er vor seinem G-tt gesündigt hat. Er soll jeden Augenblick seine Sünden bekennen und ein Gelübde ablegen, dass er diese Taten alle Tage seines Lebens nicht mehr begehen wird. Nachdem er bereut und gebeichtet hat und es sich ins Herz gelegt hat, seine bösen Taten nicht mehr zu begehen, ist es notwendig, dass er sich vor dem Schöpfer, gepriesen sei Er, durch Fasten, Weinen und Barmherzigkeit demütigt, indem er sich um Mitternacht erhebt, um Bittgebete zu sprechen und mit ganzem Herzen und voller Konzentration um Vergebung für seine Sünden zu bitten. Er möge sich daran gewöhnen, dies ein oder zwei Jahre lang zu tun, und wenn er dies tut, wird G-tt ihm seine Schuld vergeben und er wird Vergebung

Sefer HaYashar - Das Buch der Geradlinigkeit

Kapitel Dreizehn

erfahren. Seine Reue wird angenommen werden, und dann wird er wie ein neugeborenes Kind sein, rein von allen Sünden. Aber auch wenn er all dies getan hat, ist er noch nicht in den erhabenen Stand der Frommen aufgestiegen. Nachdem er erkannt hat, dass sein Herz rein und sauber ist, muss er den Schöpfer lieben, nicht aus Angst vor Strafe und nicht in der Hoffnung auf Belohnung, sondern weil er seine Größe erkennt und weil es für jeden, der die Größe.

G-ttes erkennt, angemessen und richtig ist, ihn zu lieben. Wir sollten wissen, dass ein Mensch, wenn er etwas liebt, es liebt, weil es von seiner Art ist. Wenn ein Mensch den Schöpfer liebt, ist das ein Zeichen dafür, dass seine Seele g-ttähnlich ist und dass er wünscht, wie G-tt in seinen Wegen zu sein. Da der Schöpfer gütig ist, versucht die Seele, diese Eigenschaft zu erlernen und gütig zu sein. Da der Schöpfer gerecht ist, versucht die Seele, gerecht zu sein. Der Schöpfer ist vergebend, und die Seele versucht mit aller Kraft, diese Eigenschaft zu erlernen. Der Schöpfer ist barmherzig, und die

Sefer HaYashar - Das Buch der Geradlinigkeit

Kapitel Dreizehn

Seele strebt danach, ihm ähnlich zu sein. Der Schöpfer verwirft Menschen, die böse sind, und so gewöhnt sich die Seele daran, Menschen, die böse sind, zu verwerfen. Der Schöpfer hat reine Augen und will das Böse nicht sehen, und die Seele strebt danach, ihm würdig zu sein. Dies sind die Wege des Herrn. Dies ist der zweite Teil des Dienstes G-ttes, gepriesen sei Er. Es ist der Teil, der sich mit den wahrhaft Frommen befasst. Durch ihn wird ein Mensch zur höchsten Höhe aufsteigen.

Jeder Mensch, der in den Dienst G-ttes kommt, sollte alle diese Bedingungen einhalten, denn sie sind die Grundsätze der G-ttesverehrung. Es ist wichtig, dass kein einziger Tag vergeht, an dem er nicht die Worte der Tora oder die Worte unserer Weisen seligen Andenkens liest. Denn von den Worten der Tora heißt es (Josua 1,8): "Dieses Buch der Tora soll nicht von deinem Munde weichen, sondern du sollst Tag und Nacht darüber nachdenken." In den Worten der Tora wird er die Wunder des Schöpfers, gesegnet sei Er, und all seine Taten

Sefer HaYashar - Das Buch der Geradlinigkeit

<u>Kapitel Dreizehn</u>

sehen, und in den Worten unserer Weisen, gesegneten Andenkens, wird er alle Aspekte des Erlaubten und des Verbotenen sehen, und sie werden ihn mit einem Zaun versehen, und sie werden nicht zulassen, dass er ihn niederreißt oder eine Sünde begeht. Denn die Worte der Weisen werden erklärt und verdeutlicht, mehr noch als die Worte der Thora, denn die Worte der Thora sind undurchsichtig und verborgen. Der Mensch soll sich an die Gesellschaft der Weisen und Frommen gewöhnen und sich von Atheisten, Spöttern und Gewalttätern fernhalten; denn wenn er sich mit ihnen zusammentut, wird sein Glaube untergehen. Wenn er sich aber nicht von ihnen trennen kann, weil er sie für seinen Lebensunterhalt braucht, dann soll er immer weniger in ihrer Gesellschaft sein. Ihre Beziehung soll eine flüchtige Bekanntschaft sein und nicht eine Herzensangelegenheit. Er soll sich beeilen, seinen Beruf so einzurichten, dass sie in großer Entfernung von ihm sind. Der Mensch sollte sich angewöhnen, über alle vierzehn Gründe nachzudenken, die wir

Sefer HaYashar - Das Buch der Geradlinigkeit

Kapitel Dreizehn

erwähnt haben und die sich mit den Eigenschaften befassen, die den Dienst für G-tt zunichte machen. Der Mensch sollte sich angewöhnen, die Abschnitte über die Zurechtweisung zu lesen, die in der Thora und in den Propheten zu finden sind, und die Abschnitte über die Bestrafung durch den Schöpfer, gepriesen sei Er, und Seine Stärke, Seinen Zorn und die Wunder, die Er für Seine Diener getan hat, und die ehrfurchtgebietenden Dinge, die sich mit der Schöpfung von Himmel und Erde befassen. Diese Dinge sollten in knappen, aber umfassenden Worten vor ihm aufgeschrieben werden, damit er sie jederzeit nachschlagen kann.

Man sollte sich angewöhnen, sein Gebet mit großer Absicht zu verrichten, und wenn man sein Herz nicht von unwürdigen Gedanken befreien kann, soll man einen Weg suchen. Zum Beispiel soll er beim Beten daran denken, dass der Schöpfer ihm gegenübersteht und jede Äußerung seiner Lippen beobachtet, wie es heißt (Psalm 33,14): "Von der Stätte seiner Wohnung aus schaut er aufmerksam auf alle

Sefer HaYashar - Das Buch der Geradlinigkeit

Kapitel Dreizehn

Bewohner der Erde." Wenn ein Mensch dies glaubt, wird er Furcht haben und sein Herz leeren. Er sollte seine Augen schließen, wenn er betet, denn das wird ihm bei der Absicht helfen, und seine Kleider sollen immer weiß sein, und er soll den festen Vorsatz haben, dass sein Körper sauber und rein von aller Unreinheit ist. Wenn er sich seiner Frau nähert und danach seinen Körper wäscht und reinigt, wird er etwas Kluges tun. Denn die Reinheit des Leibes erneuert die Reinheit des Herzens; und ebenso beschmutzt die Verunreinigung des Leibes das Herz, und er soll sich vornehmen, dass er bei seinem Gebet zu den ersten gehört, die hineingehen, und zu den letzten, die hinausgehen. Sein Gebet soll mit Sanftmut des Geistes und mit einem zerknirschten Herzen sein. Er soll nicht wie ein Kranich sein, der spricht, aber nicht weiß, was er sagt. Er soll auf die Worte achten, die seinen Mund verlassen, und seinen Geist auf ihre Bedeutung konzentrieren. Sein Gebet soll nicht wie ein Körper ohne Seele sein, denn die Worte sind wie der Körper, und ihr Sinn ist wie

Sefer HaYashar - Das Buch der Geradlinigkeit

Kapitel Dreizehn

die Seele. Wenn der Betende nicht auf sie achtet, ist er ein Körper ohne Seele, und die Seele, die im Menschen ist, darf sich dem Schöpfer nicht mit leeren Worten nähern, sondern mit bedeutungsvollen Worten, und er sollte in seinem Gebet wie ein Engel sein, der in seinen Tallit gehüllt und mit Tefillin geschmückt ist. Wenn er in sich selbst sieht und erkennt, dass er wie ein Engel ist, wäre es in seinen Augen beschämend, seine Hand auszustrecken, um Sünden oder böse Taten zu begehen.

Er soll sich das Fasten angewöhnen, aber zusammen mit guten Taten und Almosengeben. Denn wenn jemand fastet und sein Herz ist von Betrug erfüllt, dann hat er keinen Nutzen von seinem Fasten, sondern nur Kummer, Hunger und Durst. Niemand soll seine Seele mit Fasten belasten, wenn es nicht mit guten Taten einhergeht. Denn die guten Taten und das Almosen sind wie die Seele, während das Fasten wie der Körper ist, wie wir schon gesagt haben. Deshalb kann ein Körper ohne Seele nichts nützen. Er soll sich

Sefer HaYashar - Das Buch der Geradlinigkeit

Kapitel Dreizehn

angewöhnen, jeden Tag ein Almosen zu geben. Er soll so viel geben, wie er kann. Jeden Tag, an dem er Almosen gibt, wird er sicher sein, dass er vor einem unnatürlichen Tod bewahrt wird, wie es heißt (Sprüche 10,2): "Aber das Geben von Almosen befreit vom Tod." Oder er soll die Armen an seinem Tisch speisen, denn so wird er seinen Tisch ehren, wie der weise Mann sagte: "Wenn der Schöpfer einem seiner Frommen ein Geschenk schicken will, lädt er einen Armen in sein Haus ein.

Wer G-tt dient, sollte sich demütig verhalten und seine Verehrung vor den Menschen verbergen, denn dann wird sein Lohn doppelt so hoch sein und er wird vor dem Spott der Spötter bewahrt werden. Auf diese Weise wird man erkennen, dass er seine Mitmenschen nicht betrügt. Denn wer seine Gerechtigkeit und seine Verehrung offenbart, hat nichts anderes im Sinn, als öffentlich gepriesen zu werden und ein Anführer zu werden, damit die Toren ihm vertrauen, damit er aus ihnen Nutzen ziehen kann. Er soll nicht wie der Mann sein, der in den Sprüchen und

Sefer HaYashar - Das Buch der Geradlinigkeit

<u>Kapitel Dreizehn</u>

Gleichnissen von Kalila Vadamna erwähnt wird. Darin wird erzählt, dass die Katze so alt wurde, dass sie nicht mehr in der Lage war, ihre Beute mit den Krallen zu fangen, und so wurde er ein Mönch, woraufhin alle Tiere, die ihn zuvor gefürchtet hatten, ihm vertrauten, bis sie in seinem Netz gefangen wurden und er ihre Knochen zermalmte.

Man muss jeden Tag, jeden Monat, jedes Jahr seine Taten abwägen, um zu sehen, welcher Unterschied zwischen seinen Taten in diesem Jahr und denen des vergangenen Jahres besteht. Wenn er sieht, dass er gute Eigenschaften hinzugefügt hat, soll er glücklich sein, sich freuen und erkennen, dass seine Seele weise ist. Wenn er sieht, dass er nichts hinzugefügt oder nichts von seinen guten Taten abgezogen hat, soll er erkennen, dass seine Seele schwach ist und dass sie zu müde ist, die Gebote zu befolgen. Das ist ein Zeichen dafür, dass seine Seele nicht vollständig ist. Wenn er sieht, dass es ihm in diesem Jahr an guten Taten fehlt, die er im Jahr zuvor vollbracht hat, soll er über sein

Sefer HaYashar - Das Buch der Geradlinigkeit

Kapitel Dreizehn

schlechtes Ende weinen und daran verzweifeln, den Willen G-ttes zu erfüllen, es sei denn, seine Seele regt ihn an, schnell zu reparieren, was er zerrissen hat, und gerade zu machen, was er krumm gemacht hat. Er soll sich weniger mit weltlichen Beschäftigungen befassen und sich von solchen Handel und Geschäften fernhalten.

Wenn er älter wird, soll er jeden Abend beten und seine Gebete als Bitten formulieren. Er soll sich zurückhalten, sich einer Frau zu nähern, und er soll weniger Fleisch essen und weniger Wein trinken, und er soll sich mit den Bedürfnissen der Armen und Kranken beschäftigen. Er soll die Toten zu ihrem Begräbnis begleiten. Er soll jede Woche zu den Gräbern der Toten gehen und allein unter ihnen stehen und seine Seele an diesen Zustand erinnern, so wie es ein Mann tat, der höchst verdorben und gesetzlos war. Die Leute erzählten vor dem König von seinen abscheulichen Taten, und einer von ihnen meldete sich zu Wort und sagte: "Eure Majestät, wisst, dass er jetzt noch viel mehr

Sefer HaYashar - Das Buch der Geradlinigkeit

Kapitel Dreizehn

Böses getan hat als zuvor, denn ich bezeuge vor Euch, dass ich gehört habe, wie er mitten in der Nacht zu den Gräbern ging, um die Leichentücher der Toten zu stehlen, denn mein Haus liegt an der Mauer dieser Stadt." Der König befahl zwei seiner treuen Diener, der Sache nachzugehen, und sie folgten dem Mann in der Nacht, bis sie sahen, wie er in ein bestimmtes Grab ging, und von dort holte er eine eiserne Kette heraus, und er band diese Kette um seinen Hals, und er zog kräftig mit seiner Hand daran und sagte: "Wehe dir, du zerschundener Leib, du elende Substanz, du verwüstete Seele, du niedergeschlagener Geist, du törichter Verstand, du unheilbarer Sterblicher, du Mensch der Erde, was ist deine Hoffnung? und was wird deine Reue sein an dem Tag, an dem du dich an diesem Ort niederlegst, und was wird deine Antwort sein, du, der du der Feind seiner eigenen Seele bist, du, der du sein geistiges Gut störst, warum hast du dich dem Bösen verkauft und anmaßend gehandelt, und über diesen Zustand hast du nicht nachgedacht, und auf wen hast du dich

Sefer HaYashar - Das Buch der Geradlinigkeit

Kapitel Dreizehn

verlassen, und wo sind deine Helfer, und wo sind die, die dich lieben und dir treu sein sollen, und wo sind deine Bekannten jetzt? Lass sie aufstehen, wenn sie dir in dieser bösen Zeit helfen können. Ihr habt das Böse getan, und nun müsst ihr die Folgen davon tragen. Ihr habt gesät, und nun müsst ihr ernten. Du hast verworfen, und nun wirst du verworfen werden. Demütige dich, du törichte Seele, die ihren Felsen lästert und seine Herrlichkeit entweiht. Erkenne dein Fundament und erkenne deine Quelle. Sieh jetzt deine Heimat und deine Herrlichkeit. Die Erdscholle und der Wurm werden dich zermalmen, und die Würmer werden dich spalten, und die Feuerblitze werden dich verzehren. Und was wirst du tun, wenn du an diesen Ort kommst, ein Haus der Finsternis und des Todesschattens, ein Haus des Schreckens und der Verwirrung, ein Haus des Kummers und des Zorns? Der Himmel wird sich über dir verfinstern, und die Sonne wird sich in Finsternis verwandeln und der Mond in Blut, und die Sterne werden ihr Licht von dir

Sefer HaYashar - Das Buch der Geradlinigkeit

Kapitel Dreizehn

fernhalten. Wohin wirst du fliehen, wohin wirst du entkommen? Dies ist eure Heimat und eure Wohnung. Wozu braucht ihr die Häuser der Menschen und die prächtigen Tempel? Du dachtest, geräumige Obergemächer seien dein Erbe; weißt du nicht, dass du von ihnen weggehen wirst, so wie andere von ihnen weggehen? O, mein Herz, mein Herz! Sieh dein Haus, eng und dunkel und ohne Licht. Seine Lampen sind erloschen, wie die Sterne erlöschen. Hier wirst du sein, als wärst du nie gewesen. Du wirst sterben, als hättest du nie gelebt. Du hast genug getan! Kehre zu deinem G-tt zurück! Behalte diese Stunde im Gedächtnis, denn wenn du ihr entkommen könntest, würdest du es sicher tun. Und auch ich würde dich loben, dass deine rechte Hand dir zu helfen vermochte (Hiob 40,14), aber da dein Ende in diesem Zustand ist und du hier in Trauer liegen wirst, wisse, dass es keine Frucht für deine Arbeit gibt, außer der Reue." Als der König dies hörte, war er sehr erstaunt und wunderte sich über die Reue dieses Mannes, und der König demütigte sich wegen seiner

Sefer HaYashar - Das Buch der Geradlinigkeit

Kapitel Dreizehn

bösen Taten, und er und viele Männer unter den Geächteten seines Volkes taten Buße.

Der Beter sollte den Tag und die Nacht aufteilen. Die erste und die letzte Stunde des Tages sollte dem Gebet gewidmet sein. Die zweite Stunde bis zum Mittag soll den Geschäften gewidmet sein, die siebte und achte Stunde dem Essen und Schlafen. Die neunte Stunde, um die Führung seines Haushalts und die Bedürfnisse seiner Kinder und seiner Frau zu beaufsichtigen, und die übrige Zeit des Tages, um die Worte G-ttes zu lesen. So soll er die Stunden der Nacht einteilen. Zu Beginn der Nacht soll er studieren, wenn es seine Gewohnheit ist, zu studieren. Danach soll er schlafen, bis die Mitte der Nacht vorüber ist. Dann soll er sich aus dem Schlaf erheben, während die Sterne am Morgen singen, und soll bis zur Zeit des Morgengebets vor seinem Schöpfer stehen und Bittgebete sprechen. Jeder, der sich diese Disziplin angewöhnt, wird sich selbst einen weiteren Zaun hinzufügen, der ihn davor bewahrt, Sünden zu begehen. Er wird keine

Sefer HaYashar - Das Buch der Geradlinigkeit

<u>Kapitel Dreizehn</u>

Zeit haben, über Sünden nachzudenken und sich erst recht nicht mit ihnen zu beschäftigen. Wenn ein Gläubiger sich mit geschäftlichen Angelegenheiten befasst, muss er sich vor Betrug, Unterdrückung, Raub, Schmeichelei, Wucher und Schwüren hüten, vor allem, was unehrlich ist, nach Maß oder Gewicht. Er soll nicht mit einem wertlosen Menschen oder mit einem Mann, der ständig flucht, oder mit einem Mann, der wild darauf ist, Reichtum anzuhäufen, zusammenarbeiten. Er soll nicht zornig sein, wenn er sieht, dass seine Gefährten reich werden und es ihnen gut geht. Wenn er einen Verlust erleidet, soll er nicht zornig sein, sondern daran denken, dass dies zu seinem eigenen Wohl und zur Erlösung seiner Seele geschehen ist. Wenn er großen Reichtum erlangt hat, soll er seine Hände nicht davor verschließen, den Zehnten zu geben, Almosen zu geben, Gelübde zu erfüllen und freiwillige Gaben zu geben. Denn durch das, was er gegeben hat, wird der Rest seines Reichtums bewahrt werden. Durch das Wenige, das ihm fehlt, wird sein ganzes Vermögen gesichert

Sefer HaYashar - Das Buch der Geradlinigkeit

Kapitel Dreizehn

sein. So wie die Beschneidung einen Mangel an einem Glied des Körpers verursacht, aber in diesem Mangel finden wir die Vollkommenheit des Menschen, und wenn es diesen Mangel nicht gäbe, würde er alle Tage seines Lebens Mangel haben, so ist es auch mit dem Geben von Almosen. Ein Mensch sollte sich nicht zu sehr freuen, wenn er Reichtum erlangt, und er sollte sich nicht darauf verlassen, denn er weiß nicht, ob er ihn behalten wird oder ob er verloren geht. Wenn es dann verloren geht und er sich nicht darauf verlassen hat, wird er sich nicht um seinen Verlust sorgen, sondern er wird G-ttes Urteil rechtfertigen, so wie Hiob sagte (1,20): Der Herr hat gegeben, und der Herr hat genommen; gepriesen sei der Name des Herrn.

Wenn er sich mit dem Dienst des Königs beschäftigt, soll er den Dienst des Königs der Könige als seine vorrangige Aufgabe ansehen. Er soll sich in seinem Herzen nicht durch die königliche Macht überheben. Er soll seine Mitmenschen nicht durch seine Macht und die seiner Gefolgsleute verletzen, wie Hiob sagte

Sefer HaYashar - Das Buch der Geradlinigkeit

Kapitel Dreizehn

(31,21): "Wenn ich meine Hand gegen den Vaterlosen erhoben habe, weil ich meine Hilfe im Tor sah." Er soll die Gottlosen ermahnen und demütigen und für jeden Menschen Fürsprache einlegen, und er soll denen beistehen, die zum Tode verurteilt sind, und er soll die retten, die zu Tode gebracht werden sollen, und er soll den Armen helfen. Dies alles soll er um des Schöpfers willen tun, gepriesen sei Er, und nicht, um Ruhm zu erlangen.

Wenn er sich mit der Heilung von Kranken beschäftigt und es in seiner Hand liegt zu helfen, soll er keinen Lohn von einem Kranken annehmen. Er soll den hohen Weg bewahren und ihn nicht um des leichten Weges willen zerstören, denn damit wird er das ewige Leben erwerben. Denn er ist wie einer, der diejenigen rettet, die dem Tod geweiht sind. Obwohl alles in der Hand des Schöpfers, gepriesen sei Er, liegt, wird ihm, da seine Absicht gut war und er dem Kranken helfen und ihn von seinem Unglück erlösen wollte, angerechnet, als habe er ihn vor dem Tod gerettet. Wenn er nicht genug für seinen Lebensunterhalt verdienen

Sefer HaYashar - Das Buch der Geradlinigkeit

Kapitel Dreizehn

kann, soll er von den Reichen so viel annehmen, wie er weiß, dass es für ihn ausreicht, anstatt es von den Armen anzunehmen. Er soll die Kranken, die schwer krank sind, dreimal am Tag besuchen und die, die mäßig krank sind, zweimal, abends und morgens. Er soll ermutigend zu ihnen sprechen und ihnen Hoffnung auf Heilung geben.

Wenn ein Mensch sich mit den weltlichen Weisheiten beschäftigt, von denen er seinen Lebensunterhalt bestreitet, sollte er sich eine andere Beschäftigung suchen, mit der er seinen Lebensunterhalt verdienen kann. Er soll diese Beschäftigung ablehnen, denn der Schaden, der ihm zugefügt wird, wird größer sein als der Nutzen, den er dadurch erlangt. All jene, die ihren Glauben zerstören, all jene, die ihre Hoffnung auf die kommende Welt verlieren, sind diejenigen, die an den weltlichen Weisheiten festhalten und sich der Gesellschaft derer anschließen, die sie studieren. Wenn er in seiner Seele denkt, dass er fromm ist und dass diese weltlichen Weisheiten seinen Glauben nicht zerstören

Sefer HaYashar - Das Buch der Geradlinigkeit

Kapitel Dreizehn

können, ist die Sache nicht so, wie er es sich vorstellt. Denn er wird feststellen, dass er sich nach und nach vom Glauben entfernt, ohne es zu merken, so wie der Dichter sagte: "Wir sind in dieser Welt wie die Sterne, die glauben, dass sie ruhen, aber in Wirklichkeit wandern sie." So wird er denken, dass er sich an seine Integrität klammert, und er weiß nicht, dass er weit davon entfernt ist. Auch wenn seine Absicht nur das Gute ist, auch wenn seine Absicht ist, die Einheit des Schöpfers zu erkennen, durch Demonstration und Beweis, gibt es nicht genug davon in der Tradition, in den Worten unserer Weisen seligen Andenkens? Er ist wie einer, der mit seinem Anteil nicht zufrieden ist und nach Dingen strebt, die zu groß und zu wunderbar für ihn sind, und sich der Gesellschaft von Königen anschließen will, und das könnte eine Ursache dafür sein, dass er sein Geld und sich selbst verliert, und wenn er entkommen sollte, wäre es nach großem Schmerz und schweren Schwierigkeiten, die über ihn kommen würden. Wenn er aber mit dem zufrieden wäre,

Sefer HaYashar - Das Buch der Geradlinigkeit

Kapitel Dreizehn

was G-tt ihm gnädig gegeben hat, würde er in Frieden bleiben. Deshalb sollte sich ein Mensch von diesen weltlichen Weisheiten völlig fernhalten, es sei denn, er hat einen Lehrer, der zwei Eigenschaften besitzt: Er muss von größter Frömmigkeit sein und er muss sich in dieser Weisheit gut auskennen. Denn mit der Eigenschaft der Frömmigkeit wird er seinen Schüler jederzeit vor bösen Zweifeln bewahren, und weil er in der weltlichen Weisheit gut bewandert ist, wird er die Stelle kennen, an der man stolpern könnte, und er wird seinen Schüler davor warnen, an sie zu glauben. Er wird Beweise bringen, die sie entkräften, so wie es ein Lehrer der Generation für diejenigen tun wird, die sich irren. Er wird sie warnen und beschützen. Auf diese Weise kann ein Mensch entkommen, obwohl seine Seele nach dieser Weisheit dürstet.

Wenn er sich aber mit dem Studium der Tora beschäftigt und sie seinen Schülern beibringt, dann ist er glücklich, denn das ist die beste und gerechteste Beschäftigung. Denn wenn er sich

Sefer HaYashar - Das Buch der Geradlinigkeit

Kapitel Dreizehn

irrt, werden sie ihn warnen, und wenn er vergisst, werden sie ihn erinnern, und wenn er schläft, werden sie ihn aufwecken, und wenn er böse ist, werden sie ihn trotz seiner selbst für gerecht halten. Wer sich mit dem Studium der Thora beschäftigt und nur wenig bereut und so an seiner Schlechtigkeit festhält, der soll wissen, dass, wenn er sich mit einer anderen Beschäftigung befasst, seine Schlechtigkeit doppelt so groß und sein Übel doppelt so groß wäre. Deshalb sollte man sich mit dem Studium der Tora beschäftigen und sehr sorgfältig mit diesem kostbaren Schatz umgehen, den der Schöpfer ihm gegeben hat. Er soll sie nicht zu einem Instrument machen, um seine Wünsche und Vergnügungen zu erreichen, wie unsere Weisen seligen Andenkens sagten (Ethik der Väter Kapitel 4): "Mache sie nicht zu einer Krone, mit der du dich rühmst, noch zu einem Spaten, mit dem du gräbst." Wenn jemand einen anderen belehrt oder seine Schüler ermahnt, soll er nicht vergessen, dabei seine eigene Seele zu strafen und zu belehren; denn es gehört sich

Sefer HaYashar - Das Buch der Geradlinigkeit

<u>Kapitel Dreizehn</u>

nicht für einen Menschen, einen anderen in etwas zu unterweisen, was er selbst nicht tut, und ihn zu lehren, was er nicht glaubt. Denn alles, was aus dem Herzen kommt, wird in das Herz eingehen, während alles, was nur aus dem Mund kommt, nicht über das Ohr hinausgeht. Ein weiser Mann sagte: "Wenn mich ein Mensch ermahnt und ich wissen will, ob diese Ermahnung von Herzen kommt, dann schaue ich, ob seine Belehrung in mein Herz eingedrungen ist und meine Seele erregt hat, auf seine Worte zu achten. Wenn ja, erkenne ich, dass er mit ganzem Herzen und ganzer Kraft spricht. Wenn aber meine Seele nicht auf seine Worte achtet und sich nicht dazu erregt hat, sie zu befolgen, dann weiß ich, dass seine Ermahnung nur ein Wort seiner Lippen ist.

Der Mensch soll sich um die Bedürfnisse der Armen kümmern und in ihre Häuser gehen. Denn daraus ergeben sich zwei gute Folgen: erstens die Belohnung durch den Schöpfer und zweitens die Demütigung seines Hochmuts, die eine Zerknirschung seines Herzens bewirkt. Er soll warmherzig zu ihnen sprechen

Sefer HaYashar - Das Buch der Geradlinigkeit

Kapitel Dreizehn

und ihnen helfen, soweit er kann. Und wenn er nichts hat, soll er ihnen mit den Worten seines Mundes helfen, indem er sich für sie einsetzt und sich mit ihrer Arbeit beschäftigt. Er soll das Böse, das seine Feinde ihm angetan haben, mit Gutem vergelten. Wenn sie in seine Gewalt kommen, soll er sich nicht rächen wollen, sondern ihnen verzeihen und ihnen Gutes tun, mehr als er ihnen zuvor getan hätte. Wenn er beginnt, seinen G-tt anzubeten, soll er es nicht als etwas betrachten, das er, wenn er es leid ist, beiseite legen kann und sich nicht darum kümmern muss. Vielmehr sollte er sich dem Dienst an seinem G-tt erst dann nähern, wenn er mit seinem Herzen beschlossen hat, sich sein ganzes Leben lang fleißig damit zu beschäftigen. Und er sollte mit wenig anfangen, um seine Anbetung jeden Tag zu steigern, so wie unsere Weisen, seligen Angedenkens, sagten (Berakhot 28a): In Sachen der Heiligkeit steigt man eher auf als ab.

Er sollte sich in seiner Seele an alle Bedingungen der Anbetung erinnern, und

Sefer HaYashar - Das Buch der Geradlinigkeit

Kapitel Dreizehn

wenn er in seinem Herzen erkennt, dass er nicht in der Lage ist, alle Bedingungen zu ertragen, soll er von ihnen das auswählen, was er zu ertragen vermag. Besser ist für ihn ein wenig, aber dauerhaft, als viel, das nicht andauert. Wenn er zur Verehrung des Schöpfers kommt, auch wenn er im Dienst sterblicher Könige steht, soll er das Joch des Dienstes an den Menschen von seinem Hals nehmen, damit er keinen anderen Herrn hat als den Schöpfer, gepriesen sei Er. Glücklich ist er, wenn er aus dem Dienst der Sklaven herausgeht und in den Dienst des großen Königs kommt, für den er sich heiligen und Wache halten muss, denn man kommt nicht im Gewand der Fremdheit und der sündigen Taten zum Tor des Königs. Denn im Dienst der Menschen ist er der Sklave eines Sklaven, aber im Dienst G-ttes ist er frei. Wie treffend wurde gesagt: "Diejenigen, die für eine bestimmte Zeit dienen, sind Sklaven von Sklaven. Der Knecht des Herrn allein ist frei." Denn wer das Joch der Menschen auf sich trägt, kann ein religiöses Gebot nicht zu seiner Zeit erfüllen.

Sefer HaYashar - Das Buch der Geradlinigkeit

Kapitel Dreizehn

Er kann weder beten noch G-tt zur rechten Zeit verehren, aber wenn er nicht das Joch eines menschlichen Herrn auf sich trägt, dann sind seine Wünsche unter seiner eigenen Kontrolle. Er kann beten, wann immer er will, und er kann ruhig sein und den Schrecken des Königs oder die Gewalttätigkeit der Bösen nicht fürchten, und er wird Zeit haben, sich mit dem Dienst an seinem G-tt zu beschäftigen, und er wird demütig und demütig und von zerknirschtem Herzen sein. Denn wenn ein Mensch in der Gesellschaft von Königen und Fürsten ist, wächst seine Bedeutung in seinen Augen, und er wird stolz, und seine Neigung demütigt sich nicht, seinem G-tt zu dienen.

In Wirklichkeit sollte er sich davor hüten, Worte des Spottes und der G-tteslästerung zu sagen oder auf den Makel im Menschen hinzuweisen. Er soll sich davor hüten, Schwüre zu leisten, seien sie falsch oder wahr, und er soll zu den Häusern der Sterbenden gehen, wenn sie sterben, und er soll bei ihnen stehen, wenn sie ihren letzten Atemzug tun, und dann wird sein unbeschnittenes Herz

Sefer HaYashar - Das Buch der Geradlinigkeit

Kapitel Dreizehn

gedemütigt werden, wenn er über die Schrecken des Todes nachdenkt, und wenn er reich ist, soll er keine bestickten Kleider tragen, sondern bescheidene Gewänder, und er soll sich um seine Nahrung, seine Freude und sogar seine Vergnügungen in ausgewogenem Maß kümmern. Wenn er großen Reichtum hat, soll er nicht Gebäude, Vieh, Diener und weltliche Güter vermehren; denn wenn er all das anhäuft, wird die Begierde und die Lust des Menschen wachsen, und er wird die Anbetung G-ttes vernachlässigen. Wenn ein Unglück über ihn kommt oder Menschen ihn bedrängen oder Gewalttäter ihn angreifen oder Menschen ihn mit Ketten fesseln oder wenn seine Kinder oder Bekannten oder lieben Freunde sterben, so soll er nicht zornig werden, sondern alles mit freundlicher Miene annehmen und seinem G-tt nicht zürnen und keinen einzigen Teil seines G-ttesdienstes aufheben oder auslassen. Er soll an seiner Rechtschaffenheit festhalten und nicht schwach werden, und sein Herz soll ihm keine Vorwürfe machen. Er soll seinen G-tt in

Sefer HaYashar - Das Buch der Geradlinigkeit

Kapitel Dreizehn

seinem Gebet um Erbarmen bitten, damit Er ihn von der bösen Neigung erlöse und ihn davor bewahre, vor Ihm zu sündigen, und ihn nicht von Seinem Weg abirren lasse, und damit seine Mühe nicht vergeblich sei und seine Hoffnung nicht in Verzweiflung umkehre. Er soll daran denken, dass es Menschen gibt, die sich lange, lange Zeit in der Anbetung G-ttes geübt haben, aber am Ende ihrer Tage stand der Widersacher zu ihrer Rechten, und ihre böse Neigung war zu stark für sie, und sie zerstörten alle ihre guten Taten. Einige von ihnen gingen hinaus, um Götzendienst zu treiben. Einige von ihnen kehrten zu ihrem früheren bösen Zustand zurück und starben in ihrer Bosheit, und ihre Arbeit war vergeblich, und sie gingen ins Verderben.

Darum soll jeder Mensch um seine Seele bangen und jeden Tag zu seinem G-tt beten, dass er ihn vor der Macht der bösen Neigung bewahre, und er soll sich Tag und Nacht mit den Worten der Weisen und den Worten der Thora beschäftigen. Er soll die Sünder mit der Rute seines Mundes ermahnen, nachdem er

Sefer HaYashar - Das Buch der Geradlinigkeit

Kapitel Dreizehn

zuvor seine eigene Seele ermahnt hat. Er soll den Zehnten von seinem Vermögen geben und keinen Teil seines Dienstes an G-tt auslassen. Wenn er einen Teil auslässt, soll er ihn nicht ganz aufgeben, wenn ihm etwas Böses widerfährt oder wenn ihm ein neues Glück widerfährt oder wenn er auf Reisen geht oder wenn er krank ist oder wenn ihn das Alter befällt. Wenn er Kinder hat, soll er sie von Jugend an lehren, den Herrn zu kennen, und sie von der Gesellschaft böser Menschen fernhalten und sie nicht mit bösen Weisheiten belehren, die ihren Glauben zerstören, und sie stets ermahnen, damit die G-ttesfurcht immer vor ihnen sei. Wenn er unverheiratet ist, soll er sich eine Frau nehmen, damit sie seine Gefährtin ist. Dann wird seine Verehrung G-ttes gefestigt sein und er wird vor den Irrtümern der bösen Begierde bewahrt werden, und dann wird seine Verehrung rein und vollkommen sein. Und er soll, wenn er in den Dienst seines G-ttes tritt, die Gesellschaft eines frommen Mannes suchen und von seinen Taten lernen. Oder er soll sich einen Gefährten

Sefer HaYashar - Das Buch der Geradlinigkeit

Kapitel Dreizehn

anschaffen, und sie sollen beide am G-ttesdienst teilnehmen und sich gegenseitig im Tun guter Werke beneiden. Jeder soll auf seinen Bruder neidisch sein und auf ihn Rücksicht nehmen. Auf diese Weise wird die Anbetung G-ttes wachsen und zunehmen.

Sefer HaYashar

Das Buch der Geradlinigkeit
von Rabbeinu Tam

Kapitel Vierzehn

Über die Abrechnung, die der Mensch mit sich selbst machen muss

Der Mensch sollte sich immer an die Wohltaten und Wunder erinnern, die der Heilige, gepriesen sei Er, für seine Frommen getan hat, zum Beispiel an die schrecklichen Taten am Meer und in Ägypten. Als Sein Volk zwischen Tod und Leben schwebte, entblößte Er Seinen heiligen Arm und kämpfte mit ihren Feinden mit Zorn, Wut und großem Grimm, und Er ließ sie in die Grube des Verderbens hinabsteigen, und das, was Er den mächtigen Königen antat, als Er ihren Stolz vor Seinem Volk demütigte, und als Er die Sonne in der Mitte des Himmels stillstehen ließ, bis ein

Sefer HaYashar - Das Buch der Geradlinigkeit

Kapitel Vierzehn

Volk an seinen Feinden gerächt werden konnte. Als er Hiskia in seiner Krankheit erhörte und sein Gebet hörte und seine Tränen sah und die Tage seines Lebens verlängerte. Als er Jona aus den Eingeweiden des Fisches erhörte, als er ihn aus dem Bauch der Unterwelt erhörte und ihn aus der Tiefe aufsteigen ließ und ihn ans Licht der Welt brachte. Als er Hananja, Mischael und Asarja im Feuer des Ofens erhörte, sandte er seinen Engel und rettete sie, und das Feuer hatte keine Macht über sie. Und G-tt, auf den sie vertrauten, zeigte seine Macht und heiligte seinen Namen vor den Menschenmassen. Und was er für Daniel in der Löwengrube tat, als er seinen Engel sandte und den Löwen den Rachen verschloss, so dass sie ihn nicht verschlangen. Er gab diejenigen seiner Feinde, die seinen Tod geplant hatten, als Lösegeld für ihn frei. Und was er für Mordechai und Esther tat, als er ihre Not, ihr Fasten und ihr Gebet sah und seine Barmherzigkeit ihnen gegenüber erwachte. Er annullierte das Komplott Hamans und ließ es auf Hamans eigenes Haupt

Sefer HaYashar - Das Buch der Geradlinigkeit

Kapitel Vierzehn

niedergehen. Und was Er dem Volk von Ninive tat, als Er ihre Not und die Bitterkeit ihrer Seele sah, und Er rettete sie vor dem Tod, und was Er vorhatte, ihnen zu tun, das tat Er nicht. All dies soll euch zeigen, dass Reue einen bösen Entschluss und seine Umsetzung abwenden kann. Umgekehrt, wenn die Botschaft gut ist, dann wird alles, was er gesagt hat, in Erfüllung gehen, damit wir daraus die Barmherzigkeit unseres G-ttes über uns erkennen können. Wenn es sich um ein böses Urteil handelt, wird Er es nicht aufstellen, wenn es Reue und gute Taten gibt. Aber wenn es sich um einen guten Beschluss handelt, wird Er ihn niemals aufheben. Wir sollten uns daran erinnern, was Er an Ahab tat, als Er ihn dazu brachte, sich vor Ihm zu demütigen, und Er brachte kein Unheil über ihn zu seinen Lebzeiten. Und das, was er an Manasse tat, als er seine große Not sah und sein Gebet erhörte und ihn nach Jerusalem zurückbrachte, und das, was er an Hiob tat, als er ihn prüfte, um seine Gerechtigkeit zu zeigen. Danach erbarmte er sich über ihn und vermehrte seine

Sefer HaYashar - Das Buch der Geradlinigkeit

Kapitel Vierzehn

Gaben aus Liebe und Mitleid. Über all das soll der Mensch ständig nachdenken, und dann wird er wissen und erkennen, dass es für ihn eine gute Hoffnung gibt, wie bei all diesen, wenn er tut, was sie taten. Er soll nicht an der Barmherzigkeit G-ttes zweifeln und nicht sagen: "Ich habe so viel Böses getan, wie kann ich da noch Buße tun?" Sondern er möge in seinem Herzen über das Volk von Ninive und über Ahab und Manasse nachdenken, die mehr Böses getan haben als alle vor ihnen und nach ihnen, aber als sie Buße taten, nahm der Herr, gepriesen sei er, sie an und schenkte ihnen Gnade und rettete sie aus ihrem Unglück.

Der Mensch soll die Werke des Schöpfers betrachten, den Himmel, die Erde und ihr ganzes Heer, damit er weiß, daß dies alles um des Menschen willen geschaffen wurde. Er soll die Leuchtkörper und die Sterne betrachten und wissen, dass all dies geschaffen wurde, um die Menschenkinder zu leiten und ihnen in der Nacht Licht zu geben, und er soll nachdenklich die Winde betrachten, die wehen, die Wolken und den Regen, und ihn wissen lassen, dass all

Sefer HaYashar - Das Buch der Geradlinigkeit

Kapitel Vierzehn

dies für das Leben der Menschenkinder geschaffen wurde. Er soll aufmerksam jeden Spross und jeden Vogel des Himmels und die Geschöpfe der Erde, das Wasser, die Herden und das Vieh betrachten. Er wird wissen, dass all dies zur Nahrung für die Menschenkinder geschaffen wurde, zu seinem Nutzen und zu seiner Freude. Einiges davon ist Arznei und einiges ist Nahrung. Ebenso möge er alle Güter der Welt und die wertvollen Besitztümer der Könige und die Schatzkammern mit Gold, Silber, Perlen und Edelsteinen betrachten und erkennen, dass alle Dinge zum Vergnügen der Menschen geschaffen wurden, damit sie sich daran erfreuen können. Ebenso soll er die Gebäude der Welt und die Lustschlösser und die Orte und die Städte und die Hauptstädte[57] und die Obergemächer und die Weinberge betrachten und erkennen, dass sie alle geschaffen wurden, um dem Menschen eine Wohnung und einen Ruhepol zu sein, an dem er sich erfreuen kann. Er soll in seinem Herzen über die Weisheit nachdenken, die kostbarer ist als Rubine, und darüber, wie G-tt Israel die

Sefer HaYashar - Das Buch der Geradlinigkeit

Kapitel Vierzehn

Tora gegeben hat, die kostbarer ist als Rubine. Und dass der Schöpfer Israel die Thora gegeben hat, damit sie ihn erkennen und seine Gebote studieren und seinen Willen tun.

Ein Mensch sollte sein Herz dazu bringen, sich an all die Schwierigkeiten zu erinnern, die in dieser Welt kommen, dass ein Mensch die Pforten des Todes erreichen kann, und doch wird sich der Schöpfer, gepriesen sei Er, danach über ihn erbarmen und ihn aus der Not ins Licht und aus der dichten Dunkelheit in ein großes Licht führen. Ein Mensch sollte sich daran erinnern. G-tt wird ihm nicht vergelten, was er getan hat, sondern er wird Geduld mit ihm haben, und es gibt Zeiten, da wird er ihn strafen, wie ein Vater seinen Sohn straft, aber er wird ihn nicht völlig vernichten. Er soll sich an die Überlegenheit erinnern, die der Schöpfer den Menschenkindern gegeben hat, an die Überlegenheit gegenüber seinen anderen Geschöpfen im Verstand, im Wissen, in der Sprache und in der Erkenntnis von Gut und Böse. So soll er der großen Überlegenheit eingedenk sein, die der Schöpfer seinem Volk

Sefer HaYashar - Das Buch der Geradlinigkeit

Kapitel Vierzehn

über alle anderen Völker gegeben hat, dass er ihnen seine Gebote und Satzungen gab und das Meer für sie teilte und mit ihnen von Angesicht zu Angesicht sprach und ihnen die Thora gab und ihnen einen Tempel baute und aus ihren Kindern Propheten, ein Königreich von Priestern und ein heiliges Volk erweckte und aus ihrem Samen Weise schuf, die das Licht der Welt wurden und seine heilige Thora erleuchteten, und dass die Thora unser Leben und die Länge unserer Tage ist. So waren unsere Lehrer, gesegneten Andenkens, das Licht der Tora und ihre Ewigkeit, denn ihr verborgener Sinn wurde durch sie erhalten, erneuert und erklärt, und ihnen wurden ihre Geheimnisse offenbart.

Nachdem er in seinem Herzen über all diese großen und ehrfurchtgebietenden Dinge nachgedacht hat, die den größten Teil der Dinge umfassen, die die Menschheit betreffen, soll er in seinem Herzen die Wohltaten bedenken, die der Schöpfer allein ihm am Tag seiner Geburt erwiesen hat. Erstens soll er an das Gute denken, das G-tt ihm erwiesen hat, als

Sefer HaYashar - Das Buch der Geradlinigkeit

Kapitel Vierzehn

er ihn in die Welt brachte und ihm eine Seele einhauchte und ihn mit Knochen und Sehnen bedeckte und ihn danach aufzog und ihm die Fähigkeit eines guten Geistes gab und ihn den Weg des Verstandes erkennen ließ. Er soll sich an die Wohltaten erinnern, die G-tt ihm erwiesen hat, als er ihn in den Augen seines Vaters und seiner Mutter Gnade finden ließ, bis sie ihn mehr liebten als ihre eigene Seele. Sie nahmen von ihrem eigenen Mund Brot, um ihn zu ernähren, und zogen ihre eigenen Kleider aus, um ihn zu kleiden, und sie mühten sich ab, um seine Bedürfnisse zu stillen. Er sollte sich daran erinnern, dass G-tt ihm, als er wuchs und klug wurde, Brot zu essen und ein Kleid zum Anziehen gab und ihm Reichtum und begehrenswerte Besitztümer schenkte und ihm half, ein Haus zu erwerben und eine Frau zu nehmen, um seine Nachkommenschaft zu erhalten.

Er möge sich an all die Schwierigkeiten und Unglücke erinnern, die ihn vom Tag seiner Geburt an umgaben und ihm widerfuhren, und dass G-tt ihn aus all dem gerettet hat. Er möge

Sefer HaYashar - Das Buch der Geradlinigkeit

Kapitel Vierzehn

in seinem Herzen erwägen, ob er vor einem unnatürlichen Tod bewahrt wurde, oder ob er den Händen seiner Feinde ausgeliefert war und sein G-tt ihn gerettet hat, oder ob er an einem gefährlichen Ort vorbeikam und er verschont wurde, oder ob alle seine Gefährten von Unglück und Unheil heimgesucht wurden, während er vor all dem bewahrt wurde. Er soll sich daran erinnern, dass er krank war und dem Tod nahe, und der Schöpfer hat seine Seele aus der Grube herausgeholt. Er möge sich daran erinnern, ob er in seiner Jugend arm und mittellos war und G-tt ihm danach Reichtum und Vermögen schenkte, oder ob er niedrig war und von den Menschen verachtet wurde und dennoch zu großer Größe aufstieg. Erinnere dich daran, ob er viele Schulden hatte und der Schöpfer ihm Erleichterung verschaffte und ihn mit Gaben aus seinem eigenen Reichtum beschenkte, bis er seine Schulden bezahlte und aus dem Joch seiner Not herauskam. Ebenso sollte er darüber nachdenken, ob gegen ihn jemals ein königlicher Erlass ergangen ist, dass er getötet

Sefer HaYashar - Das Buch der Geradlinigkeit

Kapitel Vierzehn

oder bestraft werden sollte, und G-tt ihn gerettet hat, oder ob er gefangen genommen oder im Gefängnis eingesperrt und später freigelassen wurde, oder ob er vorhatte, eine Sünde zu begehen, und der Schöpfer ihn davor bewahrt hat, diese Sünde zu begehen, wie es heißt (Sprüche 12,21): "Den Gerechten soll kein Unglück widerfahren." Er soll überlegen, ob er G-tt in der Not angerufen hat und erhört wurde, ob er in seinem Herzen gebetet hat, weil er Feinde hatte, und ob sein Gebet erhört wurde, was diejenigen betrifft, die ihm Böses antun wollten, und er sah, dass er gerächt wurde, oder sie fielen in seine Macht, und er hat ihnen mit Gutem anstelle von Bösem vergolten.

Er soll bedenken, dass ihm viel Böses widerfahren ist, er aber alles mit freundlicher Miene aufgenommen hat, wie es heißt (Hiob 2,10): "Sollen wir Gutes von G-tt empfangen und nicht Böses?" Er soll darüber nachdenken, wie viele gute Tugenden.

G-tt uns gezeigt hat. Er soll daran denken, ob ihm ein Unglück oder ein Schmerz oder eine

Sefer HaYashar - Das Buch der Geradlinigkeit

Kapitel Vierzehn

Verbannung oder eine schwere Krankheit widerfahren ist oder ob er von einer hohen Stätte herabgestürzt ist oder von einem Stein oder einem Schwert erschlagen wurde oder ins Feuer gefallen ist oder ob ein böses Tier ihn gebissen hat oder ob falsche Zeugen gegen ihn aufgetreten sind oder ob gewalttätige Menschen sich gegen ihn verschworen haben, um ihn zu töten, und ob er von all dem errettet worden ist und G-tt ihm eine gute Frau und Kinder gegeben hat, die in allen Dingen weise sind.

An diese Dinge, die zu zahlreich sind, um sie aufzuzählen, soll der Mensch allezeit denken und sie in seinem Herzen bedenken. Daraus wird er fähig sein, die großartigen Taten seines G-ttes mit Verständnis zu betrachten, und er wird alle Wohltaten erkennen, die G-tt an ihm getan hat.

Kapitel Fünfzehn

Sefer HaYashar

Das Buch der Geradlinigkeit
von Rabbeinu Tam

Kapitel Fünfzehn

Erläuterung der Zeit, die für den Dienst G-ttes, gesegnet sei Er, am geeignetsten ist

Wenn der Weise all die guten Dinge dieser Welt erforscht, wird er erkennen, dass jede Gunst, die ihm zuteil geworden ist, ihn bei seinem Tod nicht begleiten wird. Auch sein Ruhm wird ihm nicht folgen. Sondern er wird alles verlassen und unfruchtbar und leer gehen, bis auf das eine Gute, das ihm zugeteilt wurde, und das ist der Dienst G-ttes - dieser allein wird vor ihm hergehen, wie es heißt (Jesaja 58,8): "Und deine Gerechtigkeit wird vor dir hergehen." Deshalb sagte König David, seligen Angedenkens, (1. Chronik 28,9): "Wenn du ihn suchst, wird er sich von dir

Sefer HaYashar - Das Buch der Geradlinigkeit

Kapitel Fünfzehn

finden lassen." Und wie es heißt (Hosea 10,12): "Denn es ist Zeit, den Herrn zu suchen." Wie der Prophet seligen Andenkens sagte (Jesaja 55,6): "Suchet den Herrn, solange er zu finden ist, rufet ihn an, solange er nahe ist.

Wir sollten nachforschen und uns fragen, warum er sagte, "solange er gefunden werden kann". Gibt es eine Zeit, in der der Herr gefunden werden kann, und eine Zeit, in der er nicht gefunden werden kann? Und wenn wir über diese Frage nachdenken, werden wir erkennen, dass es Zeiten gibt, in denen G-tt von denen gefunden werden kann, die ihn suchen, und Zeiten, in denen er nicht gefunden werden kann.

Das erste Mal ist, wenn der Mensch Vernunft erlangt, wie es heißt (Sprüche 3,4): "So wirst du Gnade und Wohlwollen finden vor G-tt und den Menschen." Denn bevor der Mensch die Vernunft erlangt, erkennt er seinen Schöpfer nicht, und deshalb wird der Herr sich ihm nicht zuwenden.

Sefer HaYashar - Das Buch der Geradlinigkeit

Kapitel Fünfzehn

Das zweite Mal ist, bevor er eine Sünde begeht und seinen G-tt erzürnt. Dann ist sein Herz rechtschaffen und rein, und mit einem reinen und sauberen Herzen kann G-tt gefunden werden. Wenn er aber gegen ihn sündigt und seine Gebote übertritt, dann kann der Herr nicht von ihm gefunden werden, außer nach sehr großer Mühe, bis er gedemütigt ist und sein Herz von seiner Unreinheit in völliger Reue reinigt.

Die dritte Zeit, in der der Herr gefunden werden kann, ist, wenn die Gemeinde gemeinsam fastet und betet, denn das Gebet der Gemeinde ist annehmbarer als das Gebet eines einzelnen einsamen Einzelnen.

Der vierte Zeitpunkt, an dem der Herr gefunden werden kann, ist, bevor er sich in die Gesellschaft von Bösewichten und Atheisten begibt und sein Glaube zerstört wird. Dann kann er niemals geheilt warden.

Die fünfte Zeit, in der der Herr gefunden werden kann, ist die Zeit, in der sich der Mensch noch in bequemen und gehobenen Verhältnissen befindet; denn in einer Zeit der

Sefer HaYashar - Das Buch der Geradlinigkeit

Kapitel Fünfzehn

Not ist der Mensch gezwungen, Buße zu tun, und deshalb können wir nicht sagen, dass der Herr von ihm gefunden wird, wenn er nicht um seines Namens willen Buße tut. (Die Zeiten der Not sind diese: Wenn er krank ist, oder wenn er sich in der Hand seiner Feinde befindet oder belagert wird, oder wenn er arm und mittellos ist, oder wenn er in fortgeschrittenem Alter ist, oder wenn er sich auf gefährliche Wege begibt, oder wenn er den Ozean überquert, oder wenn seine Kraft geschwächt ist und seine Fähigkeit, klugen Rat zu geben, nachlässt).

Zu diesen fünf Zeiten, die wir bereits erwähnt haben, wenn ein Mensch G-tt sucht - zu diesen Zeiten wird sein Schöpfer von ihm gefunden werden. Noch bevor er ihn anruft, wird der Herr ihm antworten, wie es heißt (Jesaja 65,24): "Und es wird geschehen, bevor sie rufen, werde ich antworten", und deshalb obliegt es dem vernünftigen Menschen, vor diesen Zeiten gewarnt zu werden, bevor sie ihm entgleiten und ihm keine Reue mehr nützen wird. Es ist wichtig für den vernünftigen Menschen, zu wissen und zu sehen, wie viele Gelegenheiten zur Umkehr er

Sefer HaYashar - Das Buch der Geradlinigkeit

Kapitel Fünfzehn

verloren hat, und er sollte sich in den Zeiten der Umkehr, die ihm noch bleiben, beeilen, um in ihnen den Willen seines G-ttes zu suchen, bevor sie verloren sind, wie die anderen Gelegenheiten zur Umkehr verloren waren. Möge der Herr uns helfen, das zu tun, was in seinen Augen gut ist, und möge er von uns gefunden werden, wenn wir zu ihm rufen.

Sefer HaYashar - Das Buch der Geradlinigkeit

Kapitel Sechzehn

Sefer HaYashar

Das Buch der Geradlinigkeit
von Rabbeinu Tam

Kapitel Sechzehn

In diesem Kapitel werde ich einige der Wonnen der kommenden Welt aufzählen, und im Gegensatz dazu werde ich die Plagen, die Stolpersteine und das Böse dieser Welt aufzählen

Wisse, dass der Narr die Schwierigkeiten dieser Welt, ihre Übel und jeden Fehler, der in ihr ist, nicht erkennt, der intelligente Mensch aber schon. Der Narr erkennt diese Dinge nicht, weil die Schwierigkeiten dieser Welt und ihre Übel von Freuden und Vergnügungen überdeckt sind, und deshalb kann der Narr sie nicht erkennen, genauso wie bei einer bösen Frau, die ein Mann begehrt - er erkennt keinen Fehler an ihr, weil er sie liebt. Wenn aber ein

Sefer HaYashar - Das Buch der Geradlinigkeit

Kapitel Sechzehn

anderer Mann, der sie nicht liebt, sie sieht, wird er jeden Makel an ihr erkennen. So ist es auch mit dieser Welt: Wenn ein Mensch mit ihr beschäftigt ist, erkennt er ihre Übel nicht, weil er sie so sehr liebt, aber wenn er sich von ihr trennt, erkennt er sie doch.

Wisse, dass die Übel dieser Welt zu gewaltig sind, um sie aufzuzählen, und dass sie kein Ende haben. Aber ihnen gegenüber steht das Gute der zukünftigen Welt. Denn wir sehen, dass diese Welt keinen Bestand hat und alle, die in ihr wohnen, verdorren und vergehen, und alles Gute in ihr bleibt nicht. Die künftige Welt aber hat Bestand, und ihre Bewohner verwelken nicht, und ihr Gutes bleibt bestehen. In dieser Welt kann der Mensch nicht auf seine Kraft und seine Ehre vertrauen, aber in der kommenden Welt kann der Mensch auf seine Güte vertrauen, dass sie nicht vergeht. Diese Welt ist voller Seufzer, Angst, Unruhe, Umstürze, böser Nachrichten, fremder Krankheiten, Sünden, Feindschaften, Kriege, Schande, Schmach, Tod, Pest, Mühsal und schwerer Arbeit, und die zukünftige Welt ist

Sefer HaYashar - Das Buch der Geradlinigkeit

Kapitel Sechzehn

erfüllt von Ruhe, Stille, Sicherheit, Freude, ewigem Leben, Gesundheit, Frieden, Herrlichkeit, Ruhe. In dieser Welt kann der Mensch bis zum Tag seines Todes nicht auf sich selbst oder auf seine Gerechtigkeit vertrauen. Es ist möglich, dass er sein ganzes Leben lang gerecht und ein Diener seines G-ttes ist, aber am Ende ein Schurke wird, so dass seine ganze Arbeit umsonst war. In der kommenden Welt wird sich niemand fürchten, der durch seine Gerechtigkeit gerettet wird, denn die Gerechtigkeit und die Rechtschaffenheit, die in ihm sind, werden sich nicht ändern und werden nicht verändert warden.

Diese Welt ist eine Höhle des Teufels und eine Behausung der Bosheit und ist voll von wertlosen Menschen, und sie sind es, die sich an den guten Dingen der Welt erfreuen, während die meisten der Gerechten, die in ihr sind, bedrängt, geplagt und krank sind und alle ihre Tage verworfen werden. Das sagt uns, dass diese Welt nicht die Wohnung der Frommen ist, sondern dass die zukünftige Welt

Sefer HaYashar - Das Buch der Geradlinigkeit

Kapitel Sechzehn

die Wohnung der Wahrheit, des Glaubens, der Gerechtigkeit und des Verdienstes ist, und die Frommen erfreuen sich an ihrer Güte. In ihr gibt es keinen Anteil und kein Erbe für die Bösen, und die einzigen, die in ihr Ruhe finden, sind die Heiligen und die Reinen. In dieser Welt wird alles Neue, das in ihr ist, verwelken, und jeder Anfang wird enden. Was aber die kommende Welt betrifft, so wird ihre Güte nicht verwelken, und es gibt kein Ende und keine Endgültigkeit für sie. In dieser Welt bringen ihre Güte und ihr Reichtum die Menschen dazu, zu stehlen und zu unterdrücken, zu lüstern und zu betrügen; in der kommenden Welt aber bringen ihre Güte und ihre Herrlichkeit den Menschen dazu, Recht und Gerechtigkeit zu üben und seinen Geist zu erwecken, G-tt zu dienen. In dieser Welt sind die besten Vergnügungen Dinge, die hässlich und schändlich sind, zum Beispiel die Gesellschaft von Frauen, mit denen sich keine Verunreinigung vergleichen lässt. Was aber die kommende Welt betrifft, so liegen ihre Freuden in Dingen, die heilig und rein sind,

Sefer HaYashar - Das Buch der Geradlinigkeit

Kapitel Sechzehn

wie zum Beispiel, dass man den Glanz der Schechinah sucht und sich der Gesellschaft der Engel anschließt und nach ihren Taten handelt, um den Namen des Schöpfers zu preisen, gepriesen sei Er.

Diese Welt mit ihren Vergnügungen macht die Weisen zu Toren und betört die Großen und beraubt die Ältesten ihres Verstandes und blendet die Augen der Sehenden, bis sie sie nach sich zieht und sie in ihren Schlingen gefangen werden. Die kommende Welt aber macht die Einfältigen weise, sie öffnet den Blinden die Augen und gibt den Toren Erkenntnis, sie weckt die Schlafenden und gibt den Spöttern Vernunft. In dieser Welt ist das Gute und der Reichtum und der Ruhm, den ein Mensch erlangt, um den Preis vieler Mühen bei Tag und Nacht. Aber in der kommenden Welt führt das Gute, das der Mensch erlangt, zu großer Ruhe und Gelassenheit. Seine Müdigkeit und seine vielen Sorgen werden verschwinden.

Sefer HaYashar

Das Buch der Geradlinigkeit
von Rabbeinu Tam

Kapitel Siebzehn

Wenn ein Mann sich an den Tag des Todes erinnert

Jeder, der das Wort des Herrn fürchtet, sollte in seinem Herzen über den Tag des Todes, sein Unheil und seine Schrecken nachdenken und sich daran erinnern lassen. Er soll zu seinem Herzen sagen: "Mein Herz, mein Herz, wusstest du nicht, dass du nicht geschaffen wurdest, um in den Staub zurückzukehren?" Warum hast du von dem Tag an, als du erschaffen wurdest, nicht an dein endgültiges Ende gedacht? Weißt du, dass du all-die Tage, die du auf der Erde lebst, wie ein vorübergehender Schatten bist und wie Spreu, die der Wirbelwind von der Tenne wegtreibt, und wie Rauch von einem Fenster. Deine Tage

Sefer HaYashar - Das Buch der Geradlinigkeit

<u>Kapitel Siebzehn</u>

sind bestimmt, und dein Leben ist kurz. Mit jedem Tag und jeder Nacht, die an euch vorüberziehen, werden die euch zugewiesenen Lebensabschnitte kürzer. Jeden Tag kommst du dem Grab näher, und du wirst ohne Flügel davonfliegen. Warum wusstet ihr nicht, dass ihr Staub seid? Warum habt ihr nicht daran gedacht, dass ihr aus der Erde geformt wurdet? Auf wen hast du dich verlassen, als du dich auflehntest, und warum warst du so voreilig und hast nicht in deinem Herzen über den bitteren Tag nachgedacht, den Tag, an dem dein Verstand vergehen und deine Weisheit verkümmern würde, den Tag, an dem deine Zunge an deinem Gaumen kleben würde, den Tag, an dem sie dich auf ihren Schultern tragen würden und an dem sie dich begraben und auf die unterste Erde werfen würden. Für jede Tat werden sie Rechenschaft von dir fordern, und du wirst zermalmt werden wie der Staub, und dein Feuer wird nicht gelöscht werden an dem Tag, an dem du die Abrechnung und das Buch offen sehen wirst und die Waage der Gerechtigkeit und den Becher des Taumels in

Sefer HaYashar - Das Buch der Geradlinigkeit
Kapitel Siebzehn

der Hand des Herrn. Dort wirst du ihn ausleeren, und deine Seele wird in ihren Windungen stöhnen, und was wirst du antworten auf deine hochmütigen Taten? Wirst du dann nicht die Frucht deiner bösen Taten sehen und deinen Lohn finden?

Wenn du den Tod eines Tieres sterben würdest, ohne Rechenschaft ablegen zu müssen, dann könntest du dich über deinen Tod freuen, aber du gehst in das, was bitterer ist als der Tod, an den Ort der dichten Finsternis, ein Land der Finsternis und des Todesschattens. Dort wird ein großer Schrecken über dich kommen, und Schande wird dich bedecken, und dein Gewand wird eine Scholle des Wurms sein. Schwefel wird über deinen Leib gestreut werden, und du wirst keinen Rest davon haben. Siehe, dieser Tag ist furchtbar und schrecklich, ein Tag, für den es kein Lösegeld gibt, ein Tag des bitteren Weinens, der Trauer und des Kummers, ein Tag des Schreckens und des Schreiens, ein Tag des Unglücks und des Seufzens, ein Tag der bitteren Trauer, ein Tag, an dem ihr eure Klage

Sefer HaYashar - Das Buch der Geradlinigkeit

<u>Kapitel Siebzehn</u>

von Wache zu Wache ausbreiten werdet, ein Tag, an dem der Zorn und der Eifer G-ttes entbrennen werden. Ein Tag, an dem sein Zorn wie Feuer ausgegossen wird, ein Tag, an dem es viele Schmerzen und Sorgen geben wird, ein Tag, an dem jeder Mensch heulen wird, die Hände auf die Lenden gelegt in völliger Hoffnungslosigkeit, ein Tag, an dem alle seine Freuden vergehen werden, ein Tag, an dem seine Seele vergeht und der Körper zurückbleibt, wie ein Gefäß voller Schande, weggeworfen wie ein stummer Stein. Nun, Menschensohn, zu wem wirst du fliehen und Hilfe suchen? Oder wer wird dir ein Versteck sein? Wirst du dann nicht sagen: "Wehe mir, was habe ich getan, und warum habe ich das Wort des Herrn beschämt?" Warum habe ich mich gewendet, um nach dem Eigensinn meines Herzens zu wandeln? Womit soll ich mich bedecken, denn ich bin nackt? Nimm dich selbst in die Hand und schäme dich deiner Sünden und danke G-tt, solange die Seele noch in deinem Körper ist, bevor die Sterne deiner Dämmerung verdunkelt sind.

Sefer HaYashar - Das Buch der Geradlinigkeit

Kapitel Siebzehn

G-tt wird uns von bösen Verordnungen erretten und uns vom Tod erlösen, und unsere Augen werden sehen und unsere Herzen sich freuen.

Sefer HaYashar

Das Buch der Geradlinigkeit
von Rabbeinu Tam

Kapitel Achtzehn

Über den Unterschied zwischen dem Gerechten und dem Bösen

Wisse, dass der Böse nicht belehrt wird, bis er bestraft wird. Er wird nicht gewarnt, solange er sich in guten Verhältnissen befindet, bis das Unglück über ihn kommt, und dann wird er aus seinem Schlaf erwachen.

Der Gerechte aber wird, wenn er sich in sicheren Verhältnissen befindet, sehr vorsichtig sein und sich fürchten, dass ihn das Böse überfällt, wie es heißt (Prediger 7,14): "Am Tag des Wohlstands seid fröhlich, und am Tag des Unglücks bedenkt.

Wenn aber der Herr dem Gottlosen Reichtum, Besitz und Ehre gibt, dann wird er sich immer

Sefer HaYashar - Das Buch der Geradlinigkeit

Kapitel Achtzehn

mehr ärgern und nicht aufhören, eine Sünde zu begehen. Er wird auf seinen großen Reichtum schauen und sich darin sicher fühlen, und seine Bedeutung wird in seinen Augen wachsen. Er wird seinen Mitmenschen Schaden zufügen und kein Mitleid mit den Armen und Niedergeschlagenen haben.

Der Gerechte aber, auch wenn er großen Reichtum hat, wird die Armen nicht vergessen und der Unterdrückten gedenken und ihnen immer helfen, und er wird seine Seele demütigen und vor niemandem hochmütig sein. Er wird sich nicht auf seinen Reichtum verlassen, und er wird wissen, dass er nur ein Wind ist, der weht.

Der Gottlose aber, wenn er einen großen Stand, Reichtum und Ehre erlangt, sagt in seinem Herzen: Wen will der König mehr ehren als mich? G-tt hat gesehen, dass ich all dieser Ehre würdig bin. Durch mein Geschick und meinen klugen Rat habe ich diesen Reichtum erlangt; wäre ich aber wie dieser oder jener, der faul ist, so wäre ich ebenso arm und verarmt wie sie.

Sefer HaYashar - Das Buch der Geradlinigkeit

Kapitel Achtzehn

Wenn aber der Gerechte große Ehre erlangt, sagt er, wie der König David, seligen Andenkens, (II. Samuel 7,18): "Wer bin ich, Herr, G-tt, und was ist mein Haus, dass Du mich so weit gebracht hast?" Der Gerechte wird fortfahren und sagen: "Warum hat G-tt mich all dieses Gute verdienen lassen? Denn ich habe keine guten Taten, und ich habe es verdient, mein Leben lang wegen meiner vielen Sünden bedrängt und geplagt zu werden. Aber der Schöpfer hat mein Böses in Gutes verwandelt, und womit kann ich ihm auch nur ein wenig von dem vergelten, was er verdient?" Der Gerechte wird mit sich selbst hadern und sagen: "O mein Herz, mein Herz, vertraue nicht auf deine große Herrlichkeit, denn wer weiß, ob sie zu deinem Besten ist oder ob dieser Reichtum für jemand anderen bewacht wird! Oder weißt du, ob nicht in der Nacht Räuber kommen und dich um alles bringen, wofür du gearbeitet hast? Oder weißt du, dass G-tt dir diese Herrlichkeit gegeben hat, weil er dich ablehnt, und wenn du irgendeinen Verdienst hast, belohnt er dich

Sefer HaYashar - Das Buch der Geradlinigkeit

Kapitel Achtzehn

dafür in dieser Welt, damit du in der kommenden Welt ohne Verdienst dastehst?

Wenn der Böse die Gesellschaft von Königen genießt, wird er in seinem Herzen sagen: "Weil ich ein verehrter Gefährte bin und Vernunft und Wissen besitze, bin ich in diesen erhabenen Stand aufgestiegen, denn der Schöpfer würde seine Ehre nur dem geben, der ihrer würdig ist. Deshalb hat er mir diese Ehre zuteil werden lassen.

Der Gerechte aber wird sagen: "Ich bitte dich, mein G-tt, siehe, ich bin Staub und Asche, Made und Wurm, die Schande der Menschen und von den Menschen verachtet. Womit habe ich diese Ehre verdient, wo es doch auf der Welt Menschen gibt, die heiliger und besser sind als ich, und die in Not und Elend und Hilflosigkeit sind? Sie hatten nicht das Privileg, auch nur ein wenig von all dem zu erhalten, was mir zuteil wurde.

Wenn der Böse arm wird, wird er zornig und unzufrieden mit seinem Anteil, und er geht nachts hin, um zu stehlen und zu rauben, und er begeht Täuschungsmanöver, um großen

Sefer HaYashar - Das Buch der Geradlinigkeit

Kapitel Achtzehn

Reichtum in seine Hand zu bekommen. Er ist eifersüchtig auf seine Mitmenschen. Er bittet jeden Menschen, sich zu beschäftigen und ihm zu helfen.

Wenn aber der Gerechte arm wird, preist er den Schöpfer, wie es heißt (Hiob 1,21): "Der Herr hat gegeben und der Herr hat genommen; gepriesen sei der Name des Herrn." Er begnügt sich mit einer trockenen Kruste und freut sich über seinen Anteil, und er entweiht seine geistliche Ehre nicht, indem er seine Mitmenschen um Hilfe bittet, sondern er sucht die Hilfe G-ttes allein.

Wenn der Böse krank wird, erschrickt er und fürchtet, dass seine Zeit gekommen ist. Dann bereut er alles, was er getan hat, und gelobt, Buße zu tun, wenn er geheilt wird; wenn er aber geheilt ist, kehrt er zu seiner Bosheit zurück.

Der Gerechte aber, wenn er krank wird, fürchtet den Tod nicht, denn er weiß, dass er von der Finsternis zum Licht, vom Leiden zur Ruhe geht, und er erkennt, dass der Schöpfer ihn liebt und ihn deshalb züchtigt, damit er rein

Sefer HaYashar - Das Buch der Geradlinigkeit
Kapitel Achtzehn

und rein von allen seinen Sünden ist, wenn er in die kommende Welt kommt. Er gelobt, dass er, wenn er geheilt wird, seinen Dienst (an G-tt) ausdehnen wird, und wenn er geheilt wird, entweiht er sein Versprechen nicht, und er tut alles, was aus seinem Mund hervorgegangen ist.

Wenn dem Bösen Weisheit gegeben wird, zerstört er schnell seinen Glauben wegen seiner Weisheit, und er verspottet die Heiligen, und er denkt, dass sie Narren sind, und er denkt, dass die Weisheit ihm allein gegeben wurde. Die allerersten Früchte seiner Sünde, die er aufgrund seiner Weisheit erwirbt, sind, dass er weder an die Auferstehung der Toten, noch an den Tag des Gerichts, noch an die Worte unserer Weisen seligen Andenkens glaubt. Aber er hält alles für nichts. Er bringt Beweise und Zeichen aus seiner armen Weisheit und vernachlässigt unsere mächtige Überlieferung, und er jagt nach schwachen Zeichen und minderwertigen Meinungen, und er ist wie Jerobeam, der sündigte und viele

Sefer HaYashar - Das Buch der Geradlinigkeit

Kapitel Achtzehn

Sünden verursachte, und deshalb trägt er die Schuld der vielen.

Wenn aber ein frommer Mensch weise ist, verdoppelt sich sein Glaube, und sein Fundament wird in seinem Herzen gefestigt. Er lehrt die Verirrten und belehrt die Sünder, und er stärkt ihren schwachen Glauben mit starken Zeichen und Beweisen aus der Vernunft und aus der Schrift und aus den Worten unserer Weisen, seligen Andenkens.

Wenn der Gottlose in neue Situationen oder Geschäfte kommt, durch die er getäuscht werden kann, vergisst er seinen G-tt, und wenn er gewohnt war zu beten, vernachlässigt er sein Gebet. Wenn er es gewohnt war, den Armen zu helfen, vergisst er sie. Wenn er es gewohnt war, die Gebote G-ttes zu studieren, vergisst er sie.

Aber wenn neue Situationen oder Geschäfte auf den Gerechten zukommen, lässt er seine Hände nicht vom Dienst für G-tt ab. Die wichtigen Angelegenheiten beunruhigen ihn nicht, auch nicht die neuen Situationen oder die Fehler.

Sefer HaYashar - Das Buch der Geradlinigkeit

Kapitel Achtzehn

Wenn aber dem Bösen etwas Schlimmes widerfährt oder er gefangen genommen oder eingekerkert wird oder man ihn bedrängt oder hart mit ihm umgeht, dann ärgert er sich über das Urteil seines G-ttes und sagt: "Mein Tod ist besser als mein Leben. Siehe, wie schlecht ist mein Glück im Vergleich zu dem meiner Gefährten, denn sie leben in Ruhe, und der Zorn G-ttes ist nicht gegen sie gerichtet. Was mich betrifft, so habe ich von dem Tag an, an dem ich erschaffen wurde, keine Ruhe gefunden. Von Bösem zu Bösem bin ich gezogen, und der Herr hat mir den Kummer meines Seufzens wegen meiner Schmerzen zugefügt." Es kann eine Zeit kommen, in der der Böse so wütend auf sich selbst ist, weil seine vielen Sorgen ihn so sehr in Beschlag nehmen, dass er vor Angst stirbt oder sich umbringt oder sich beeilt, Götzen zu dienen, um dieser Sorge zu entkommen.

Wenn aber der Gerechte in Not und Bedrängnis gerät, sagt er: "Meine Sünden haben das alles verursacht, und das alles ist durch meine eigene Hand geschehen. Ich habe

Sefer HaYashar - Das Buch der Geradlinigkeit

Kapitel Achtzehn

es getan, und ich muss es ertragen, ich bin verpflichtet, all das zu akzeptieren. Der Schöpfer hat mir nichts Böses getan. Es liegt G-tt fern, Böses zu tun. Aber ich habe mir selbst Böses angetan." Und er wird sagen: "Wer weiß, ob der Schöpfer mich nicht aus seinem großen Mitleid mit mir ermahnt, oder ob diese Schwierigkeiten nicht zu meinem Besten sind, oder um meine Sünden durch sie zu sühnen, oder damit ich keine Zeit habe, mich mit bösen Taten zu beschäftigen, oder um mir durch sie eine Belohnung zu geben, oder um durch sie vor einem unnatürlichen Tod oder vor anderen Schwierigkeiten, die größer sind als diese, bewahrt zu werden.

Wenn der Böse von seinen Schwierigkeiten befreit ist und in einen glücklichen und angenehmen Zustand kommt, dann legt er seine Angst ab und sagt in seinem Herzen: "Jetzt kann ich alle Geschäfte, die ich angefangen habe, zu Ende bringen, und jetzt werde ich mich im Verhältnis zu meiner Arbeit amüsieren, und ich werde dies zu einem Anlass für große Freude und Feste machen, weil ich

Sefer HaYashar - Das Buch der Geradlinigkeit

Kapitel Achtzehn

entkommen bin, und ich werde mir alle Vergnügungen gönnen, die ich kann.

Der Gerechte aber, wenn er aus der Not in einen angenehmen Zustand übergeht, dankt G-tt und sagt in seinem Herzen: "Warum sollte ich glauben, dass nicht noch mehr Not über mich kommen wird? Sollte es wegen meiner großen Rechtschaffenheit und meiner Frömmigkeit sein? Wer weiß, ob ich nicht aus dieser Not entronnen bin, um Gutes zu tun oder meiner Sünde eine Übertretung hinzuzufügen, und auf welche Weise ich es verdient habe, Gunst in den Augen des Herrn zu finden? Siehe, den Königen widerfährt großes Unglück, und wie bin ich entkommen und warum wurde ich gerettet?

Wenn ein Bösewicht von einer schweren Krankheit befreit wird, beeilt er sich, Geschäfte zu machen und Häuser zu bauen und sich an seinen Frauen zu erfreuen und seine schönen Gewänder zu erneuern, sich der Gesellschaft der Großen anzuschließen, Sklaven zu kaufen und seinen Handel zu vergrößern.

Sefer HaYashar - Das Buch der Geradlinigkeit

Kapitel Achtzehn

Wenn aber der Gerechte geheilt ist, tut er weiterhin Werke der Güte und hilft den Armen und ist demütig vor seinem G-tt und vervielfacht die Bittgebete und hält seine Gelübde und bessert seine Wege und Taten.

Wenn aber der Böse den Armen Gerechtigkeit widerfahren lässt, wird er in seinen eigenen Augen immer bedeutender, und er rühmt sich vor seinen Freunden und meint, dass es in seinem Geschlecht niemanden wie ihn gibt. Wenn er aus der Not gerettet wird, denkt er, dass er um seiner Gerechtigkeit willen verschont wurde.

Was den Gerechten betrifft, so sind seine Taten nichts in seinen Augen, und er verbirgt seine Gerechtigkeit vor den Menschen, und er rühmt sich nicht mit ihnen, und er fühlt sich verachtet in seinen eigenen Augen, und wenn er aus der Not gerettet wird, sagt er, daß er durch die Güte G-ttes entkommen ist und nicht durch seine eigene Gerechtigkeit.

Wenn der Handel des Bösen groß ist und er viele Dinge erreicht, wird er nicht ruhen, bis er sie vollendet hat, und alle seine Pläne lassen

Sefer HaYashar - Das Buch der Geradlinigkeit

Kapitel Achtzehn

darauf schließen, dass es keinen G-tt gibt (siehe Psalm 10,4). Wenn er Zeit hat, kann er gehen und beten und die Schrift studieren und die Gesellschaft der Weisen genießen.

Was aber den Gerechten betrifft, so fügt er, je mehr er beschäftigt ist, seinem Dienst an G-tt immer mehr hinzu und lässt nichts davon aus.

Wenn ein Bösewicht Kinder hat, lehrt er sie von Jugend an ein Geschäft oder einen Beruf, aber er lehrt sie nicht die Worte G-ttes. Der Gerechte aber lehrt seine Kinder die Tora des Herrn und weist sie zurecht und ermahnt sie allezeit. Von ihm heißt es (Sprüche 20,7): "Wer in seiner Rechtschaffenheit wandelt wie ein Gerechter, dessen Kinder werden glücklich sein, wenn sie ihm nachfolgen.

Diese Abhandlung ist nun abgeschlossen. Alles Lob gebührt dem Schöpfer des Universums.

Gesegnet sei der Herr in Ewigkeit. Amen und Amen. Gesegnet sei der, der dem Schwachen Kraft gibt, und dem, der kein Recht hat, gibt er Stärke (Jesaja 40:29).

www.ingramcontent.com/pod-product-compliance
Lightning Source LLC
Chambersburg PA
CBHW070127080526
44586CB00015B/1593